清々しき人々

月尾 嘉男

遊行社

まえがき

世界の上場企業の時価評価総額の上位二〇社のうち一五社が日本企業であった一九八〇年代の栄光の時代と比較すると、現在は跡形もなく、五〇位以内に一社でしか登場しません。八〇年代から九〇年代には、スイスのシンクタンクの発表する国家競争力で毎年一位であった日本は最近では二五位前後を低迷しています。

この一気の凋落の原因は明治時代以来の工業社会が情報社会に巨大転換したにもかかわらず、対応が出遅れたこともありますが、それ以上に次々と発覚する企業による不正検査や官庁による書類改竄など、官民ともに利益本位や出世主義が横行し、国家のため、社会のため、人々のためという精神が弛緩してきたことが影響しています。

それでも眼前の危機に直面している人々を救済するために自身を犠牲にした人々、企業の不正を退職覚悟で告白する人々、目先の利益ではない目標を追求して社会を改革しようとする人々は存在します。歴史を回顧すれば、混乱した社会や組織が個人の勇気ある行動によって救済され、再建された事例は多数存在します。

そのような人々は一朝にして出現するわけではなく、社会の長年の蓄積の上澄みとして登場してくるのであり、家庭、学校、企業、社会の教育の役割が重要ですが、残念ながら教育の大半が希望の学校への進学のため、有利な企業への就職のために偏向しており、未来の社会を目指した内容になっていないようです。

日本再興に活躍してもらう若者に、目先の利益ではなく、遠方の目標を目指してもらう一助として、参考となる人々を紹介したいと「清々しき人々」という題名で月刊新聞『モルゲン』に連載した拙文を一冊にしたのが本書です。連載の機会をいただき、書籍にまでしていただいた本間千枝子編集長をはじめ遊行社の皆様に感謝します。

これらの拙文の執筆のためには、当然ですが、多数の書籍やウェブサイトの情報を参照させていただいております。しかし学術書籍ではなく、偉人の生涯を理解していただくことを目的としているため、それらは割愛させていただきました。年号については日本の年号に重要な意味がある場合以外は西暦に統一してあります。

平成三〇年初冬

月尾嘉男

目次

挿画／浅見　麻耶

ヘンリー・ダイアー

日本が東洋の英国になることを期待した教師

(1848-1918)

人材育成の学校創設

一八五三年七月、M・ペリーを司令長官とする四隻のアメリカの艦船が浦賀に来航し、鎖国をしていた日本に開国を要求しました。黒船来航です。狼狽した幕府は将軍の病気を理由に一年の返答の猶予を要求したため艦隊は一旦退去しましたが、半年が経過した翌年二月、九隻の艦隊で再度来航した結果、日米和親条約が締結されました。それ以後、日蘭、日露、日英、日仏の和親条約も次々と締結され、二五〇年間の鎖国が終了しました。

このような事態から、世界の情勢を把握する必要を痛感した幕府は一八六二年に榎本武揚など七名をオランダに留学させます。同様に事態を憂慮した長州も翌年に五名の藩士、薩摩は六五年に一九名の藩士をイギリスに派遣します。当時は外国への渡航は禁止されていましたから密航でした。これらの人々の大半は、当初、外人を排斥する攘夷論派でしたが、西欧との格差を現地で痛感して開国論派に転向します。

密航を経験した長州の伊藤博文、井上聞多、山尾庸三、薩摩の森有礼、五代友厚、

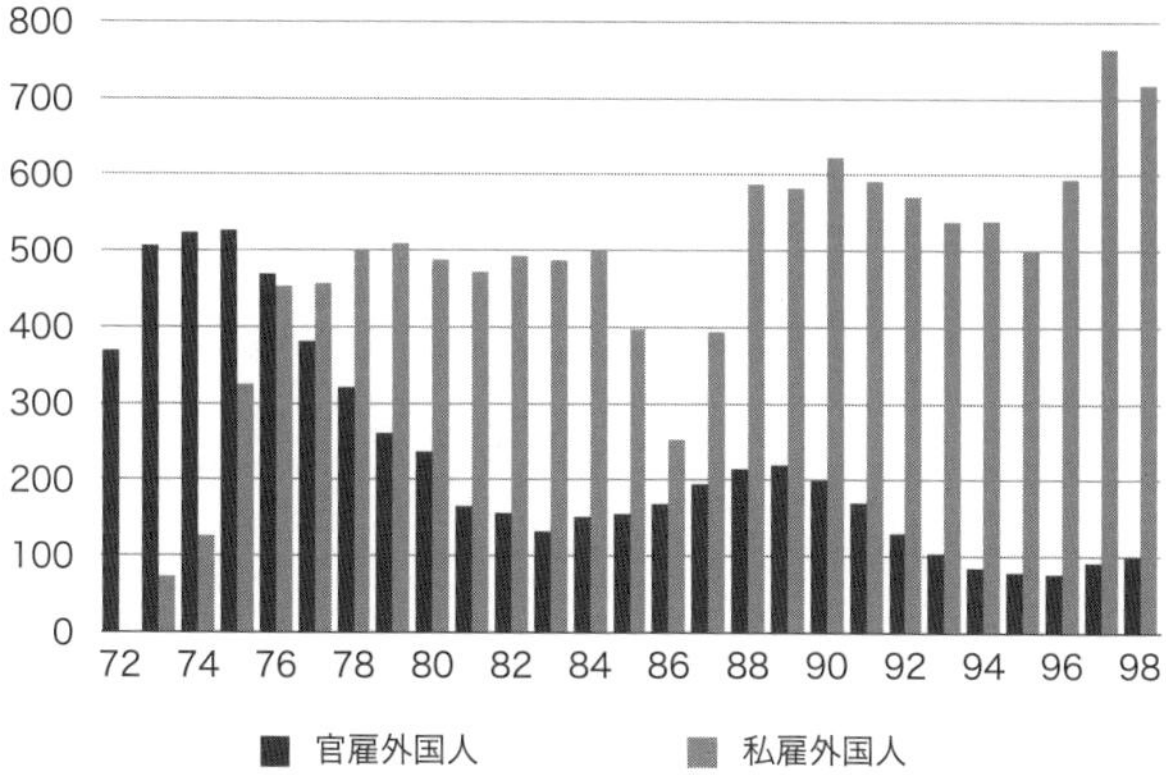

御雇外国人の人数（人）

寺島宗則などが明治政府で重要な活躍をしますが、まず必要なことは列強といわれた西欧諸国に対抗できる国力を蓄積することで、そのためには先進諸国から教師となる人材を招聘することでした。御雇外国人です。統計のある一八七二年から九八年までの二七年間で、政府の雇用が約六二〇〇人、民間の雇用が約一万二五〇〇人になっています（図）。

その範囲は外交、法律、軍事、教育、芸術など、あらゆる分野といってもいいほど広範ですが、とりわけ重視されたのは技術でした。それは一八七四年の官庁単位での雇用の内訳に明瞭に反映されています。全体の約四五%を工部省が雇用しているのです。西欧社会と比較すると出遅れている鉄道、道路、電信、灯台など近代社会の基盤の整備と造船、製鉄、鉱山など近代産業の育成が明治政府の急務であったからです。

スコットランドから教師を招聘

この分野で、もうひとつ重視されたのが自前の人材を育成することでした。そこで登場したのが、工部省が創設した工学寮です。すでに一八六八年には、文部省が明治維新により閉鎖されていた幕府の教育機関であった開成所を接収して開成学校を設立、翌年には兵部省が陸軍士官学校の前身となる兵学寮を創設していましたが、工学教育を専門とする教育機関を目指したのが工学寮です。

一八七一年の工部省発足とともに工部卿に就任した伊藤博文は密航仲間であった同郷の山尾庸三とともに「工部学校建設の建議」を太政官に提出します。その指揮をとる人物の斡旋について、伊藤博文は岩倉使節団の副使としてロンドンを訪問したとき、かつて密航の手配をしてくれたイギリスのジャーディン・マセソン商会に依頼しました。そこで商会はグラスゴー大学の教育内容が日本の目的に適合すると判断します。

一九二六年までイギリスの正式国名はユナイテッド・キングダム・オブ・グレート・ブリテン・アンド・アイルランド（連合王国）でしたが、これはイングランド王国が一三世紀にウェールズ公国、一八世紀にスコットランド王国、一九世紀にアイルランド王国を併合して成立したことに由来します。民族も言語も相違した王国の連合国家で、最近もスコットランドで独立の是非が議論されているのは、このような背景があるからです。

スコットランドの首都はエディンバラですが、グラスゴーは人口最大の都市で、そこに一五世紀中期に創設された大学がグラスゴー大学です。文系では「国富論」の著者A・スミス、「金枝編」の著者J・フレーザー、理系では蒸気機関を改良したJ・ワット、絶対温度の概念を発明したW・トムソンなど著名な人物が卒業していますが、製鉄、造船、鉄道など産業革命を推進した技術の中枢にあった大学です。

その時期、グラスゴー大学の巨星は、卒業こそエディンバラ大学ですが、蒸気機関の基礎理論ランキン・サイクルを発明したW・ランキン教授でした。そのランキン教授に商会が依頼したところ、推薦されたのがヘンリー・ダイアーでした。ダイアーは最初アンダーソン・カレッジの夜学で勉強していますが、そのときスコットランドに留学していた山尾も通学しており、日本で再会するという奇縁もありました。

工部大学校での教育開始

グラスゴー大学で機械工学と土木工学を勉強したダイアーは卒業直後に恩師ランキン教授から新生日本の技術教育のため渡航することを依頼され、弱冠二五歳の一八七三年にイギリス南部の港湾都市サザンプトンを出航します。教師は土木を担当するダイアー以外に、物理のW・E・エアトン、化学のE・ダイバース、冶金のE・モンディ、建築のJ・コンドル、鉱山のJ・ミルンなどでした。

これら教師への明治政府の期待は支払った月給に反映しています。ダイアーは六六〇円、エアトンは五〇〇円、コンドルが三五〇円と記録されています。現在の貨幣価値への換算は容易ではありませんが、当時の総理大臣に相当する太政大臣三条實美の月給八〇〇円を現在の総理大臣の月給二四〇万円と比較して計算すると、ダイアーの月給が二〇〇万円、エアトンが一五〇万円、コンドルが一〇〇万円に相当します。

いよいよ一八七五年に授業が開始され、七七年には工部大学校に改称、都心の霞ケ関三丁目に壮麗な校舎が完成します。七八年七月一五日に明治天皇の臨席のもと、内務卿伊藤博文、工部大学校長大鳥圭介が出席して開校式が挙行されますが、ダイアーの答辞は「貴国無限の物産に因って公衆の便益を興すべき工師を教育し（中略）公私の工事を管理し、後進の先導となり貴国歴史に新彩を添うる人材を輩出する」という内容でした。

この言葉が象徴するように、ダイアーが目指した教育は実学でした。これはスコットランドの教育の特徴でもある「エンジニアの思想」で、明治政府の期待にも合致する目標でした。明治政府は自国の目標に適合する最適の国家を中心に御雇外国人を雇用していました。要約すれば、外交はアメリカとイギリス、陸軍はフランス、海軍はイギリス、教育はドイツ、工学はイギリスを中心としていました。

ダイアーが期待した東洋の英国

ダイアーは五年の契約期限を延長して八二年六月一日に帰国するまで足掛け一〇年も日本に滞在しました。それは日本の学生が熱心に勉強し、優秀な成績で次々と卒業していくことに感動したことが第一の理由です。合計二一一名が卒業しますが、建築の辰野金吾、片山東熊、化学の高峰譲吉、下瀬雅允、土木の石橋絢彦、田邊朔郎、渡辺嘉一、電気の志田林三郎、藤岡市助など、日本の近代産業の基礎を構築した人々が卒業しています。

第二の理由は日本が自由民主の気風をもつ東洋のイギリスとして成長してほしいという願望でした。それを表明したのが、帰国してから執筆し、一九〇四年に出版した『大日本』という大部の著書です。ここには日本の歴史、精神、教育、軍事、交通、通信、産業、貿易、財政、外交などについて百科事典のような解説がなされていますが、書物の副題が「東洋のイギリス」となっているように、自身の日本への期待を表明した書物です。

そこで追求したのは日本の若者が必死で勉強する理由の解明でした。当時の世界最高の大学を優秀な成績で卒業したダイアーの訪日初期の心境は東洋の発展途上の島国に赴任する程度の気持ではなかったかと推測しますが、それを見事に裏切るような学生の熱意の本質を解明したかったのです。それを裏付けるのは「欧米の科学、工業、商業を導入しようと決意した動機を可能なかぎり追求し確認する必要がある」という文章です。

その回答をダイアーは新渡戸稲造が一九〇〇年に英文で出版した『武士道』に発見して引用しています。「(明治維新のような)一大事業を推進する動機となったのは、物質資源の開発や国富の増進ではない。ましてや西洋の習慣の闇雲な模倣や追求でもない。(安政不平等条約を締結した)劣等国として見下されることは耐えがたいという名誉を重んじる気持こそが最大の動機である」。名誉こそがダイアーが確信した回答だったのです。

『大日本』の原稿が完成した直後の一九〇四年二月に日露戦争が勃発し、ダイアーは急遽「補遺―日露戦争の勃発」を追加します。自身が一〇年間も指導した日本への愛着を割引いても、日本が勝利することを確信し、理由として日本の将官が将棋の指手のように戦略を熟考していることを賞賛するとともに、日本国民の愛国の精神が技術や戦略以上に勝利に貢献することを強調しています。『武士道』からの引用と共通する見解です。

現在の日本には、この精神が欠如していると憂慮されます。世界の研究機関が共同で実施する調査に「戦争が発生したら自国のために参戦するか」という質問がありますが、日本は最下位で一五％でしかありません。戦争の是非はともかく残念な数字です。映画『ラスト・サムライ』（二〇〇三）は「日本は一握りの勇者によって創造されたといわれる。彼等が生命をかけて守ったものは、現在では忘却されつつある言葉・名誉」という言葉で開幕します。

ダイアーは帰国するとき勲三等を授与されていますが、札幌農学校に一年も滞在しなかったW・クラークに比較して、一般に周知されていません。それは伊藤博文が岩倉使節団の副使として一八七二年にドイツ帝国でビスマルク宰相に会見して感激し、さらにビスマルクの指南をしていたL・フォン・スタイン教授に八二年に面会して感化され、教育方針をイギリス方式からドイツ方式に変更したことが影響しています。

ダイアーは更新した契約の終了より一年前の八二年に辞任して帰国しますが、その背景には明治一四（八一）年の政変により、イギリスの議院内閣制の憲法ではなく、ドイツの立憲君主制の憲法が採用されたことにより、日本に期待していた東洋のイギリスが遠退き、イギリス方式の教育が否定されたことの影響と推測されます。しかし、日本の産業の発展に寄与した多数の人材を育成したダイアーは再度評価される必要があります。

明治時代に情報社会を見通した天才

志田林三郎

（1856-92）

人類を発展させた通信

多種多様な生物のなかで人類が異常に発展できたのは時間と距離を超越して情報を伝達する能力を獲得したことです。時間の克服は文字や記号を粘土や亀甲や用紙などに記録することによって実現し、距離の克服は当初は人間や手紙のような媒体の移動によって実現していました。この段階では相手に情報が到達するのに相当の時間が必要でしたが、一九世紀初頭から電気を利用する通信技術が開発され、一気に時間が短縮されました。

ドイツのS・ゼーメリングの技術（一八〇九）やイギリスのC・ウィートストンの技術（三八）などが先駆ですが、アメリカのS・モールスが電信機（三七）とモールス符号（四〇）を発明した結果、世界に急速に有線通信のための電線が敷設されるようになり、大西洋を横断する海底ケーブルまで実現しました（六六）。この西欧の技術は江戸末期に日本に到来していました。

日米和親条約締結のため、一八五四年に再度、浦賀に到来したペリー艦隊はアメリカの威力を誇示するために様々な最新の技術装置を持参しましたが、そのなかに二台のモ

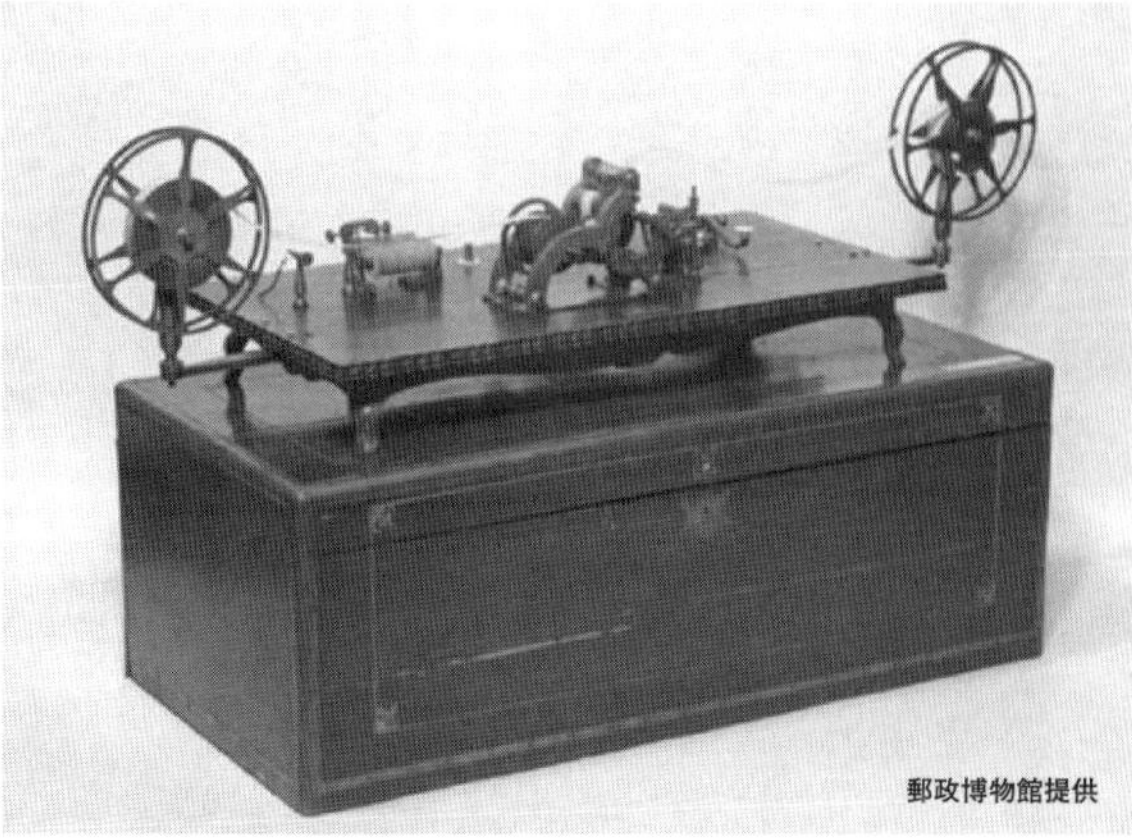

ペリーが持参したモールス電信機

ールス電信機がありました（図）。艦隊の技師が約九〇〇メートルの区間に電線を敷設して二台の装置を接続し、信号を送受する実演をしたのです。この装置は一九九七年に国指定重要文化財になっていますが、当時の日本と西欧の技術格差を象徴する事件でした。

肥前の神童

それからしばらく幕末の混乱時期になりますが、一八六八年に成立した明治政府は、このような格差を是正するための政策を次々に実施します。その一例が工部大学校の設立でした。当時の世界最高とされたスコットランドのグラスゴー大学を卒業したばかりのH・ダイアーを中心に九名の教授が七三年に横浜に到着し、工学寮が開校、七七年に工部大学校になります。

この学校には土木、機械、造家、電信、化学、冶金、鉱山、造船の八学科が設置され、七三年四月に第一期生として全国から二〇名の俊英が入学しました。土木には灯台や橋梁の建設に活躍した石橋絢彦、造家には東京駅などの設計で有名な辰野金吾、赤坂迎賓館を設計した片山東熊、化学にはアドレナリンを発見する高峰譲吉など、後世に名前が記録される優秀な学生が入学しますが、電信に入学したのが志田林三郎でした。

志田は一八五六年に肥前国多久邑（佐賀県多久市）の一般家庭に長男として誕生します。父親の重蔵は武士階級ではなかったものの私塾を開設して村人に講義をするような人物でしたが、志田の誕生から五ヶ月後に逝去します。母親のフミは三人の子供の養育のため着物の仕立など内職で家計を維持しますが、饅頭販売の商売も開業しました。その売買を手伝った志田は勘定で計算能力を発揮し、地元では有名な神童でした。

その能力に感心した地元の漢方医尾形惟高が手配してくれた地域の学校で勉強しますが、その才能が評判になり、多久邑の一一代邑主多久茂族に面談する機会が到来しました。出題される算術の難問に次々と回答する能力に驚嘆した邑主が士族の教育機関である多久邑校東原庠舎で勉強することを許可します。ここで一二歳から一六歳まで勉強した志田は藩校弘道館に進学、さらに東京の工学寮（七七年から工部大学校）に入学します。

工部大学校を首席で卒業

二〇名の第一期生のうち電信に入学したのは志田林三郎と補欠入学の川口武一郎のみでしたが、二人は素晴らしい教師に出会うことになります。ダイアーとともに二六歳で来日したW・E・エアトン教授です。一八四七年にロンドンで誕生、ユニバーシティ・カレッジを六七年に卒業してからグラスゴー大学でW・トムソン教授の実験を手伝っていた経験があり、その関係で日本に派遣されてきました。

エアトンはインドやスコットランドで技師としての実務経験もあり、帰国してからは王立協会の会員となり、電気技術協会会長にも就任するなど学者としても一流でしたが、理論だけではない能力を証明した行事があります。一八七八年三月に日本最初の電信中央局が銀座に開設され、その祝賀行事が工部大学校の講堂で開催されたとき、エアトンは生徒とともに蓄電池でアーク灯を点灯して来場した人々を驚嘆させたのです。

エアトンは志田の才能を見抜き、教育するだけではなく、実験の助手や工事の研修など数多くの経験をさせていました。その成果として、在学期間にも論文を何編か発表していますが、約二〇〇ページの英文の卒業論文「電信の歴史・電気通信の進歩に関する研究」は卓越した内容でした。そして一八七九年一一月の二三名が卒業した第一回卒業式では次席に大差の成績の志田が首席で卒業し、工学士第一号の一人になりました。

グラスゴー大学でも能力を発揮

この成績により、志田は一〇名の仲間とともに国費留学生に選抜され、卒業の翌年二月にグラスゴー大学に出発します。工部大学校の教授の派遣について、日本政府が斡旋を依頼したジャーディン・マセソン商会がグラスゴー大学のW・ランキン教授に相談していたため、校長のダイアーをはじめグラスゴー大学関係の人々が多数派遣されており、その結果、留学の行先もグラスゴー大学が推薦された経緯があります。

これは当時の日本には重要なことでした。英国の大学というとオックスフォード大学やケンブリッジ大学が有名ですが、これらの大学では理学が中心で、工学は軽視されていました。一方、産業革命の中心であったスコットランドでは工学が重視され、その最高の地位にあったのがグラスゴー大学です。当時の日本にとって必要であったのは工業国家として発展するための技術であり、グラスゴー大学は最適の学校だったのです。

この大学の著名な盟主はトムソン教授（ケルヴィン卿）でした。一〇歳で大学に入学、二二歳でグラスゴー大学教授となり、ジュール＝トムソン効果や絶対温度目盛ケルヴィンに名前が記録され、大西洋横断ケーブル敷設に貢献し、晩年には王立協会会長、グラスゴー大学総長にも就任した大物教授でした。ところが工部大学校の教授の一人がトムソン教授の弟子であった関係で、この大物教授が志田の指導教官になったのです。

志田は期待以上の活躍をします。ケルヴィン卿の指導で実施した測定実験の結果について英国協会で講演し、自身が発明した自記電流計についての論文を『フィロソフィカル・マガジン』に英文で発表するなどの業績があり、学生が相互に投票して決定する最優秀賞も受賞しています。さらにグラスゴー大学の学生が発表したもっとも優秀な論文一編だけに毎年授与される「クレランド金賞」も一八八〇年に受賞しています。

驚嘆するのは、講演も論文も流暢な英語を駆使していることです。上京以前に地元で英語を勉強していたという情報もありますが、すべて英語による工部大学校六年間の授業で上達したのです。留学生活は一年で終了、それから半年、グラスゴー中央郵便局で研修をして帰国します。約五〇年の研究教育生活をしてきたケルヴィン卿の伝記には、志田について「自分の生徒のなかでもっとも優秀な生徒である」と記録されているそうです。

未来を見通した演説

一八八三年四月に帰国した志田は恩師エアトンも後任のT・グレーも帰国していたため、八月に二七歳で工部大学校教授に就任しますが、八六年に工部大学校が帝国大学になり、その教授となります。それと同時に、グラスゴー中央郵便局での経験も評価され、八五年に設立された逓信省の技師も併任、八九年には三三歳で初代逓信公務局長に就任します。平均寿命が四五歳の時代としても、志田の才能が際立っていたことの証明です。

これ以後、官学両面で活躍しますが、その能力が発揮されたのが電気学会の設立総会での講演でした。スコットランド留学時代の経験から、日本の技術の発展のためには学会が必要だと確信した志田は、一八八八年、逓信大臣榎本武揚を会長とする電気学会を創設します。日本鉱業会（八五）、造家学会（八六）に続く日本で三番目の学会でした。その設立総会で榎本会長の演説の後に志田幹事が未来を見通した講演をします。『電気學會雑誌第一號』に掲載された記録から、その見事な内容を紹介します。まず学会設立の意義から開始し、八四〇名の会員と寄付された二〇〇〇円の基金により設立に到達した経緯を紹介します。さらに当時の大半の人々に知識のなかった電気通信技術の歴史を古代ギリシャのターレスによる摩擦電気の発見以来、詳細に説明しています。そしてこのような過去の歴史を背景に、本題である一二の予測される未来を紹介しているのです。

主要な予測を現代の表現で紹介します。最初が「一本の電線により一分に数百語の音声を数通同時に送受可能になる」という内容で、現在の高速多重通信技術の予測です。「電線を使用せず数里の距離を自在に通信通話できる」と無線通信の到来も紹介しています。この一八八八年はH・ヘルツが電波の発信と受信の実験に成功し、G・マルコーニが無線通信技術を実用にしたのが九五年ですから、それ以前の見事な予測でした。

さらに「音声伝送の利便が進歩し、大阪や長崎どころか上海や香港のような遠方で演奏される音楽を東京で鑑賞することも間近になっている」とラジオの海外放送も予言しています。実際のラジオ放送が実現したのはアメリカで一九〇〇年、日本で一九二五年です。電力についても「ナイアガラ瀑布で発電した電気をニューヨークに送電し、日光の華厳の滝で発電した電力を東京に送電して電灯を点灯する」ことも予測しています。そして「陸に電気鉄道、海に電気船舶が増加し、輸送手段から黒煙や蒸気が排出されない時代が到来する」と環境問題への配慮も披露しています。「電気や磁気の作用で光を遠方に輸送し、相手を相見ることも可能になる」と画像通信にも言及し、「音声の自動記録も空論ではない」としています。音声のままの記録であれば、すでに一八七七年にフォノグラフが発明されていますが、文字に変換する技術の予見であれば大変な卓見でした。

志田は研究において優秀であっただけではなく、教師としても官吏としても能力を発揮した天才でしたが、近代国家創生の時期の通信政策を策定する激務が連続し、一八九二年一月四日に、わずか三六歳で逝去しました。W・モーツアルトは志田誕生の一〇〇年前に誕生し、志田死亡の一〇〇年前に三五歳で死亡していますが、その再来のような天才でした。唯一の残念な相違は日本でさえも忘却されていることです。

今村明恒

関東大震災を警告した地震学の先駆者

(1870-1948)

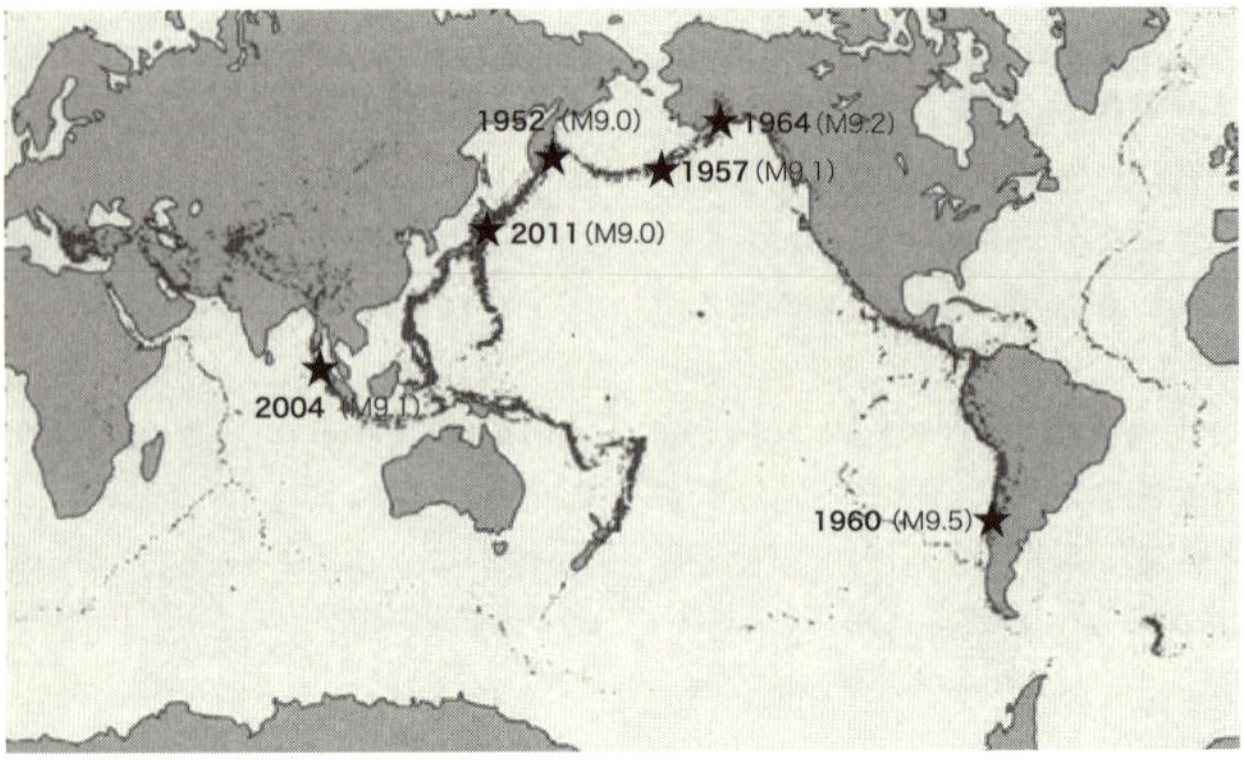

巨大地震の発生地帯 (Ring of Fire)

地震大国・日本

リング・オブ・ファイア（火環）という言葉があります。プロレスリングの宣伝文句ではなく学術用語です。世界で発生した地震を地図に表示すると、大半が太平洋を取巻く地域に集中し、この環状地域がリング・オブ・ファイアです。これらの地震のうち、二〇世紀以降発生した六度のM（マグニチュード）九・〇以上の地震のすべてが火環に集中しており、二〇一一年三月一一日の東北地方太平洋沖地震も同様です（図）。

この火環の上部にある日本列島は世界有

数の地震の巣窟で、古来、巨大地震の頻繁な発生が文書に記録されています。しかし、当時の人々は原因を地下で大鯰が活動するためと想像し、江戸時代には数多くの鯰絵といわれる錦絵が護符として印刷販売されるような状態でした。地震の原因が科学の視点から究明されるようになったのは明治時代以後のことで、明治政府に雇用された外人教師の恐怖が最初の契機となりました。

ほとんど地震を体験したことのない外国の人々にとって、地震は恐怖の存在でした。そこで一八八〇年二月に東京湾内で発生した地震を体験した外人教師が中心となり、地震を研究する学会を創設しようという気運が発生し、翌月に世界最初の地震を研究する学会として日本地震学会が誕生しました。その中心になったのはイギリスから招聘され工学寮で鉱山学や地質学の教育を担当していたＪ・ミルンでした。

東京帝国大学教授・大森房吉

一八七一年に創設された工学寮は七七年に工部大学校に改称され、六八年に開校された開成学校から発展した東京大学と併合されて、八六年に帝国大学（九七年に東京帝国大学に改称）になります。そこには地震学講座が設置されましたが、この講座に大学院生として九四年に進学してきたのが今村明恒です。そして三年後に地震学講座教授に就任したのが、後々、今村と複雑な関係になる大森房吉でした。

最初に大森について紹介します。一八六八年に福井城下で下級武士大森藤輔の五男として誕生、上京して八八年に帝国大学理科大学に入学、二年後の九〇年に大学院に進学し、そこでミルン教授の指導により地震学と気象学を研究します。翌年、巨大な濃尾地震（M八・〇）が発生したときには現地で余震の発生の経過を調査し、本震からの経過時間とともに余震の頻度が減少する状態を表現する大森公式を発表しています。

九四年にヨーロッパに留学、帰国した九七年に東京帝国大学地震学講座教授に就任します。当時の東京帝国大学教授の役割として日本を代表して多数の国際会議に出席し、万国地震学協会の設立委員にも就任します。業績も大森式地震計の発明、初期微動と震源距離の関係を表示する大森公式の発明など数多く、ノーベル賞委員会から受賞審査論文の提出を要請されますが、多忙のため対応しなかったという残念なこともありました。

進学してきた今村明恒

そのような優秀な大森の講座に進学してきたのが二歳年下の今村でした。一八七〇年に薩摩藩士今村明清の三男として鹿児島市で誕生、地元の高等中学予科を経由して現在の東京大学教養学部の前身である第一高等中学校を卒業、九一年に帝国大学理科大学に入学、三年後に大学院地震学講座に進学し、そのまま無給の講座の助教授になります。九六年には陸軍教授を兼任し、参謀本部陸地測量部で数学の教育を担当していました。

大森や今村が研究を開始した時期には、偶然にも日本で巨大地震が多発しました。一八九一年一〇月に死者・行方不明者が七二七〇名余となる濃尾地震（M八・〇）、九四年六月に死者は少数でしたが明治東京地震（M七・〇）、同年一〇月に死者七〇〇名以上の庄内地震（M七・〇）、九六年六月に明治三陸地震（M八・五）が発生し、地震と津波によって死者・行方不明者が約二万二〇〇〇名という甚大な被害が発生しました。

二〇一一年三月一一日に発生した東日本大震災と同様、明治三陸地震も巨大な津波を発生させています。それを研究した今村は津波が海底の地殻変動により発生すると主張しますが、当時は評価されませんでした。世間が大胆な学説を納得するのに時間がかかる事例は数多くあります。一九一二年にドイツの気象学者A・ウェーゲナーが大陸移動説を発表します。現在では常識になっている学説も、当時は強烈に批判されていたのです。

事件となった関東地震の予言

ところが、評価されないどころか、今村が大変な論争に巻込まれます。地震について科学研究が開始されたばかりの明治時代には、地震の発生を予知することは星占い程度と理解されていました。そこで最初の研究は、過去の記録から、地域ごとに何年周期で地震が発生しているかを調査して、その周期に近付けば発生の確率が高率になるというものでした。これは現在でも利用されている手法ですから旧式というわけでもありません。

そこで今村が調査してみると、一六四九年に多数の死者が発生した慶安武蔵地震（M七・一）、一七〇三年に死者二〇万人ともいわれる元禄関東地震（M八・二）、五一年には北陸で死者一五〇〇人以上となった高田地震（M七・四）、九三年には死者は少数でしたが陸中から常陸にかけて襲来した寛政地震（M八・四）、そして一八五五年には幕末の江戸を直撃して死者が約一万人となった安政江戸地震（M七・一）が発生していました。

この周期を前提とすると、安政江戸地震から約五〇年が経過する二〇世紀初頭には、関東地方で巨大な地震が発生することが推定されます。そこで今村は人々が自覚することによって地震の被害を軽減するようにという意図で、一般の人々を対象とした『太陽』という雑誌の一九〇五年九月号に「市街地における地震の損害を軽減する簡法」という文章を発表します。それは火災による被害を予防することを警告する意図でした。

内容は「東京の地震の沿革からして今後も発生する」「以前より火災は発生しやすく、全市消失であれば死者は一〇万二〇〇万にもなる」「災害予防は一日も猶予できない」という構成で、防災対策の必要を強調したものでした。発表当初は話題になりませんでしたが、翌年一月に『東京二六新聞』が雑誌の内容を根拠に「今村博士が大地震襲来説、東京市大罹災の予言」という見出しで煽動したため、大変な騒動になってしまいました。

現在の大学教授の社会での地位と明治時代の大学教授の地位とは大差でしたから、新聞記事は世間に恐慌をもたらしました。そこで上司の大森は記事の釈明を新聞に掲載するよう今村に指示し、三日後の一月一九日に釈明の記事が掲載されます。ところが二月になって関東地方でM六・三とM六・四の地震が連続して発生したため騒動が再発してしまいました。そこで今度は大森自身が鎮静のための活動をせざるをえなくなりました。

大森は今村の見解を浮説として痛烈に批判するとともに、東京には今後数百年間にわたり安政江戸地震のような巨大地震は発生しないし、発生したとしても火災によって死者が一〇万人にもなる根拠はないと様々な機会に説明します。東京帝国大学教授という責任ある立場で、騒動の鎮静のためには仕方がなかった行動でしたが、今村にとっては、周囲からの非難だけではなく、自説を撤回せざるをえない苦痛の日々でした。

現実に発生した巨大地震

ところが、この騒動から一八年後の一九二三年九月一日、今村の警告した事態が発生してしまいました。関東地震（M七・九）です。東京では死者・行方不明者の合計が一〇万人以上という日本史上最大の地震災害になりました。学会出席のためオーストラリアに出張していた大森は急遽帰国しますが、船中で脳腫瘍が悪化して横浜到着とともに入院し、過去の経緯にもかかわらず今村を後継に指名、二ヶ月後に逝去しました。

それ以後も、大森が発生しないと断言していた関西でも、一九二五年に北但馬地震（M六・八）、二七年に北丹後地震（M七・三）が発生します。今村は大森が弟子を糾弾せざるをえない立場にあったことを理解し、大森を非難どころか賞賛する文章を発表しています。しかし今回の経験から継続した観測が重要であると決意し、発生が予想される南海地震の前兆発見のため、二八年に自費で和歌山県に南海地動研究所を設立しています。

今村は一九三一年に定年で東京大学を退職しますが、以後も研究や観測を継続し、四四年に発生した東南海地震（M七・九）も予想していました。しかし、地震の発生を予想しても発生を阻止できるわけではなく、国民が災害に対応できる準備をすることが重要だとし、有名な「稲叢の火」（安政南海地震による津波の襲来を警告するため、稲藁に放火して村民を避難させた濱口梧陵の物語）を国定教科書に掲載するようにします。

岩手県田老村は津波銀座と名付けられるほど津波による被害を何度も経験しています。一九三三年の昭和三陸津波でも人口の三分の一近くが死亡し、今村は高台に住宅を移転することを助言しますが、結局は必要な面積が確保できないなどの理由で「田老の万里の長城」といわれる巨大な防潮堤防を建設することになりました。しかし、堤防は平成三陸津波から集落を防御することはできず、住民の五%程度が死亡しています。

日本列島の下部は四個のプレートが衝突している地震の巣窟で、一九九六年から二〇〇五年までの一〇年間に世界で発生したM六・〇以上の地震の約二〇%が日本で発生しています。その結果、日本は地震研究の世界先端にあり、冒頭に紹介したように、世界最初の地震学会も日本で設立されました。その創成の時期に、複雑な関係ではあったものの、国民のために地震研究の基礎を構築したのが大森房吉と今村明恒の師弟だったのです。

日本の林学の発展に活躍した

本多静六

(1866-1952)

日比谷公園設計者

東京都千代田区に東西約三〇〇メートル、南北約五二〇メートル、面積一六ヘクタールの矩形の公園があります。日比谷公園です。ニューヨークのマンハッタンにある東西約八〇〇メートル、南北約四〇〇〇メートル、面積三四〇ヘクタールのセントラル・パークに比較すると小粒ですが、ここは日本最初の洋風都市公園です。一帯は江戸時代には大名屋敷でしたが、明治時代の版籍奉還によって陸軍の日比谷練兵場になっていました。

しかし一八八七年に練兵場が青山に移転したため、跡地の利用が課題になりました。そこで翌年から現在の都市計画に相当する東京市区改正計画が検討され、公園にすることに決定します。当時の文明開化の風潮から、西欧の都心にあるような、人々が自由に散策できる都市公園を実現することが東京にも必要でした。そこで何案かが提案されますが、議論百出で決定されませんでした。そこに登場したのが本多静六です。

結婚そしてドイツ留学

日本の古代からの重要な史書や文学作品を集成した『群書類従』を編纂した塙保己一、明治から大正にかけて多数の企業や学校を創設して日本経済を牽引した渋沢栄一、日本最初の女医となり女性の活躍を先導した荻野吟子とともに、本多静六は埼玉の四大偉人とされている人物です。幕末の一八六六に埼玉の戸数二五軒程の河原井村（久喜市菖蒲町）で代々の庄屋であった裕福な折原家の第六子として誕生しました。

しかし、静六が一一歳になった一八七六年に父親が突然他界して多額の借金の存在が判明、裕福であった一家は突如、貧乏生活を余儀なくされます。それまで悪戯小僧であった静六も農業の手伝いをするとともに、熱心に勉強をするように変貌します。そのような時期に、長兄の折原金吾の恩師である島村泰が大蔵省二等属官吏として東京の四谷に生活していたため、上京して農閑期のみ島村宅玄関番として勉強することになります。

静六が一八歳になった一八八三年、世話になっている島村が新設された山林学校を受験することを推奨します。入学した生徒の大半は師範学校などを卒業しており、正統な勉強をしてこなかった静六は合格したものの五〇名中五〇番目という成績でした。基礎学力のない静六は代数と幾何に落第して落胆し、宿舎の裏庭の井戸に飛込み自殺をしますが、幸運にも一命をとりとめました。そして無事、東京農林学校に進学します。

そこに在学している二四歳のとき、教頭から養子縁組がもちこまれます。相手は本多銓子という官学出身の日本で四番目に女医になった名門の才媛でした。気乗りのしない静六は破談にするべく髭面、乱髪で臨席しますが、銓子に破談になれば生涯独身で生活すると宣言されてしまいます。そこで卒業したらドイツ留学の支援を依頼するという厚顔な条件を提示したところ了解され、ついに本多家へ婿入りして本多静六になりました。

そこで実地演習も卒業論文の提出もしていないにもかかわらず、前田正名学長にドイツ留学のために卒業させてほしいと依頼し、あらかじめ用意した卒業論文を提出します。前例のない要求でしたが、前田学長の英断により「実地演習のためドイツへの私費留学を許可す」という命令を拝命します。一八九〇年に横浜から出航、三等船室で苦難の旅行を経験して貧乏の悲哀を実感し、これが人生後半で蓄財に努力する契機となりました。

苦難のドイツ留学

最初はドイツの地方都市ターラントの山林学校に入学しますが、ここでは博士の称号を取得できないためミュンヘン大学に転校します。ところが、そこへ義父から銀行が破産し送金できなくなったという手紙が到着しました。同情した恩師のR・ブレンターノ教授から二年で博士試験を受験することを示唆され必死で勉強し、論文を提出します。口述と討論の試験は難問でしたが、無事合格し一八九二年に帰国しました。

本田は帝国大学農科大学の助教授に採用され、以後、一九二七年の定年まで三五年間、大学で後進を指導します。当時、林業は地方の地主の仕事という程度の認識で、林学の役割は認知されていませんでしたが、本多は大学での教育だけではなく、全国各地で林業の役割について講演し、急速に社会に浸透させていきます。業績は都市公園、国立公園、水道水源林、防雪防風林など多数ありますが、以下に主要な業績を紹介していきます。

日比谷公園を設計

冒頭に紹介した日比谷公園に本多が関与したのは偶然の結果です。一八九八年に東京市会議員が日比谷公園開設を提案しますが、当初の想定は江戸時代の藩主が構築した兼六園、偕楽園、後楽園などの築山泉水庭園でした。しかし、東京市長は斬新な庭園にしたいと帝国大学工科大学の辰野金吾学長に設計を依頼します。辰野は日本銀行本店などを設計した建築の大家でしたが、庭園設計は専門ではなく、提案は採用されませんでした。

そのような時機に、たまたま東京市庁を訪問した本多が顧問であった辰野の部屋に立寄りました。辰野が懸案の公園について相談すると、本多が適確な返事を具申したので設計を委任することになりました。本多も専門ではないのですが、数日で懸命に素案を作成して持参すると、辰野が評価して東京市長に本多を推挙し、公園設計を委嘱されることになったのです。一九〇三年に開園した公園の基本計画は本多によるものです。

このとき本多は教授に昇格した直後の三六歳で、公園設計を専門に勉強したわけでもなく、有名でもありませんでしたが、この経歴によって有名になり、全国から都市公園の設計が殺到し、春採公園（釧路市一九一六）、敷島公園（前橋市一九一五）、臥竜公園（須坂市一九三一）、箕面公園（箕面市一九一三）、大濠公園（福岡市一九二四）など、改良などを担当した公園も合計すると、全国各地の七〇以上の都市公園を設計しています。

自然の森林を実現した明治神宮

しかし、本多が林学の素養を発揮する機会が一九一三年に到来します。一二年七月三〇日に明治天皇が崩御され、御陵は京都の伏見桃山に決定しましたが、関東にも記念施設を建設する要望が高揚し、翌年三月に明治神宮を建設することが衆議院で決議されました。関東各地に自薦他薦の土地があり、様々な条件を考慮した結果、当時は東京府豊多摩郡代々幡村大字代々木という地名の七〇ヘクタールの土地に決定しました。

早速、一二月に内務大臣を会長とする「神社奉祀調査会」が設立、一九一五年には業務が「明治神宮造営局」に移管され、造林や育林について、川瀬善太郎、本多静六など東京帝国大学教授が参与として就任しました。本多たちが目指したのは日本の樹種を中心に様々な樹木を植林し、手入れをしないで、地域本来の自然の森林を実現することで

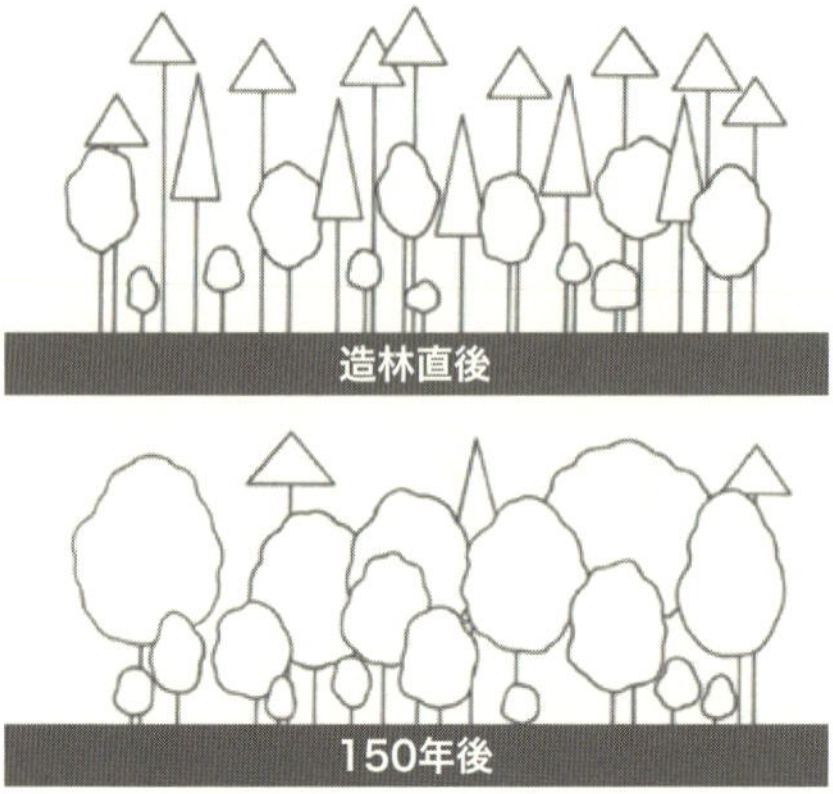

綿密に計画された森林

松井光瑶他「大都会に造られた森」1992

した。そのため一五〇年先までの林相の変化を想定した綿密な計画が策定されました（図）。

ところが難問が発生しました。総理大臣大隈重信が様々な樹木からなる森林を雑木の集合と非難し、伊勢神宮のような杉林にすることを主張したのです。総理大臣の意見とあって説得は大変でしたが、明治神宮の土地がスギの生育には適地ではないことを数値で説明し、ようやく了解されました。完成から一〇〇年が経過した現在、明治神宮の内部は当初の計画のように、人工の森林とは想像できない自然の森林になっています。

明治神宮は国民の熱烈な協力によって実現したことも特徴です。初代神宮造営局長の創意により、必要な樹木を全国からの献木により調達することにしたのです。荷造、運搬の費用を献木する人々の負担にしたにもかかわらず、全国から一二万本が寄贈されました。さらに造営作業のために全国の青年団の奉仕を募集したところ、一八九団体一万一二二九人が参加し、このような国民の熱意により一九二〇年一一月一日に完成しました。

国立公園の創設

法律による国立公園を設置した最初はアメリカで、一八三二年ですが、明治時代になって日本にも情報が伝達され、大正時代に国立公園の議論が開始されます。それを反映して本多が段取りをし、一九二七年に民間の「国立公園協会」が発足、本多が副会長に就任します。しかし、本多と熊本県会議長の経歴のある松村辰喜は政府の組織が必要であると「国立公園調査委員会」の設置を安達謙蔵内務大臣に陳情します。

そのとき本多は自分の貯蓄三万円を調査委員会の経費とするよう提供しました。そのような熱意により、一九三一年に国立公園法が施行され、三四年三月に雲仙、霧島、瀬戸内海、一二月に阿寒、大雪山、日光、中部山岳、吉野熊野、大山が指定されました。

阿寒国立公園の中心地域は本多にドイツ留学のために早期の卒業を許可した東京農林学校の学長前田正名の土地であったという因縁もあります。

蓄財の達人

本多は林学の大家であるとともに蓄財の達人としても有名です。ドイツ留学の最中に資金を提供してくれていた義父の破産のために極貧の生活を余儀なくされた本多に、恩師のブレンターノ教授が精神の自由のためには経済の自由が必要だとし、貯蓄と投資を推奨してくれたことが影響しています。早速、帰国してからの日常生活では倹約して貯蓄をし、その預金を株式、山林、土地に投資して財産を増加させていきます。

これは子孫に美田を遺贈するためではなく、郷土の学生支援のための蓄財でした。かつて渡米したとき、カーネギーやロックフェラーの慈善事業に触発され、埼玉県中津川に購入した森林を一九三〇年に埼玉県に寄贈、その純益の半分を本多育英基金として積立て学生に貸与してきました。その森林に県有林記念碑が建立されたときには気恥ずかしいと長男を出席させたほどで、学者としてだけではなく、人間として清々しい人生でした。

自分の楽しみのためだけに研究した

ヘンリー・キャベンディッシュ

(1731-1810)

発表されなかった発見

読者の多数は学校の理科の時間に「クーロンの法則」を勉強した記憶があるはずです。荷電した二個の粒子には、それぞれの電荷の積に比例し、相互の距離の二乗に反比例する引力（もしくは斥力）が作用するという法則です。これはクーロンという名前が付与されているように、フランスの物理学者C・ド・クーロンが一七八五年に発見したことになっています。しかし、それより一三年前に発見した学者がいました。

同様に電磁気学の基本法則である「オームの法則」も勉強されたはずです。電線で接続された二点の電位差と電線内部を通過する電流の量は比例し、その比例の程度を決定する数値が電線の電気抵抗とされる法則です。これもオームという名前になっているように、ドイツの物理学者G・オームが一八二六年に発見したとされています。しかし、それより四六年前の一七七三年に発見していた学者がいました。

さらに気体は種類に関係なく、温度が上昇すると、その上昇の程度に比例して膨張するという性質があり、その関係を一七八七年に定義したのが「シャルルの法則」です。

これはフランスの物理学者J・シャルルが発見したことになっていますが、それより八年前に発見していた学者が存在します。いずれも同一人物で、イギリスの学者ヘンリー・キャベンディッシュです。この不可思議な学者を紹介します。

優雅な研究生活

最初にキャベンディッシュの生涯を簡単に説明します。父親はデボンシャー公チャールズ・キャベンディッシュ、母親はケント公の四女アン・グレイという貴族の両親から一七三一年に誕生したのがヘンリーです。母親は結核になり、フランスの地中海岸ニースで療養生活をしていたため、ヘンリーは一七三一年にニースで誕生します。母親の死後、ロンドンで生活し、一八歳でケンブリッジ大学に入学します。

理由は不明ですが、正式に卒業しませんでした。物理学者であった父親とともに自宅で実験や研究をし、一七六〇年に王立協会の会員になっています。独身のまま質素な生活をしていましたが、五二歳のとき父親が死亡し、膨大な遺産を相続することになります。真偽不明ですが、それ以前にも、伯父や伯母から多額の遺産を相続していたという説明もあり、生涯、生活に苦労することはありませんでした。

父親の死後、住居を移動した以外に、ロンドン市内に別邸を購入して膨大な蔵書を保管し、さらに郊外に別荘も入手します。別邸に保管された蔵書は私設図書館として公開しましたが、自分の蔵書であるにもかかわらず、借出すときには、すべて帳簿に記録していたそうです。さらに司書の男性が死亡して以後は、貸出の手続事務のために、毎週特定の曜日には滞在していたという律儀な性格でした。

人嫌いの逸話

この律儀な性格のため、様々な逸話が記録されています。膨大な財産を保有していましたが、生活は大変に質素で、自分の食事はいつもヒツジの股肉で、来客に提供する食事も同様の内容でした。自宅へ友人を招待することは例外でしたが、五人の来客があったとき、料理担当の召使いが股肉一本では十分なもてなしができないと説明したところ、それでは二本購入しなさいと命令したという逸話も記録されています。

しかし、吝嗇ではなく、慈善事業などへの募金の要請があるときには、募金額一覧表を一瞥して、最高の金額と同額の募金をしていました。その性格を利用して、すでに高額の募金がなされたような書類を作成して持参し、多額の募金を獲得する人々もいたそうです。かつて蔵書の整理を依頼していた人間が田舎に隠居するときには、生涯優雅に生活できるほど多額の金銭を贈呈したという逸話もあります。

このような逸話の背景は、キャベンディッシュが金銭に関心がなかったことです。キャベンディッシュはイングランド銀行最大の株主でしたが、銀行の役員が預金されている膨大な資産を放置しておかないで、有利に運用することを推奨するために来訪したとき、銀行が自由に運用していいが、このような面倒な用件で再度訪問してくるようであれば、預金全額を引出すと宣言したこともありました。

金銭同様に関心がなかった対象は人間で、王立協会の会合に参加していたとき、会長から紹介された相手が仰々しい言葉で延々と自己紹介をし、キャベンディッシュを長々と賞賛した直後、一言もなく一礼だけして帰宅してしまったという逸話もあります。著名なイギリスの学者H・デービーもキャベンディッシュは相手の仕事には関心があるが、人間には関心がなかったと述懐しています。

この人嫌い以上であったのが女嫌いでした。自宅には何人かの女性の召使いを雇用していましたが、食事の注文は部屋の入口の卓上の帳面に記載し、召使いがドアの下部の窓口から食事を差入れていましたし、召使いと出会わないために専用の階段を造作するほどでした。それでも不運なことに出会ってしまった召使いは解雇されてしまったということもありました。したがって当然、生涯独身でした。

人生の最後も変人らしい行動でした。七九歳になったキャベンディッシュは王立協会から帰宅すると寝室に入室したまま三日間、寝込んでしまいます。だれにも面会しないまま三日が経過してから召使いを呼入れ「私は死ぬ、死んだらジョージ・キャベンディッシュ卿に伝えなさい」と命令し、しばらくして召使いに内容を復唱させて安心し、三〇分後に死亡したそうです。一八一〇年二月二四日のことでした。

数多くの研究業績

人間、とりわけ女性、金銭、社会にほとんど興味のなかったキャベンディッシュの唯一の関心の対象は化学や物理の研究でした。長年、物理学者であった父親と共同で研究していましたが、父親の死後、転居した広大な邸宅に様々な研究装置を設置し、

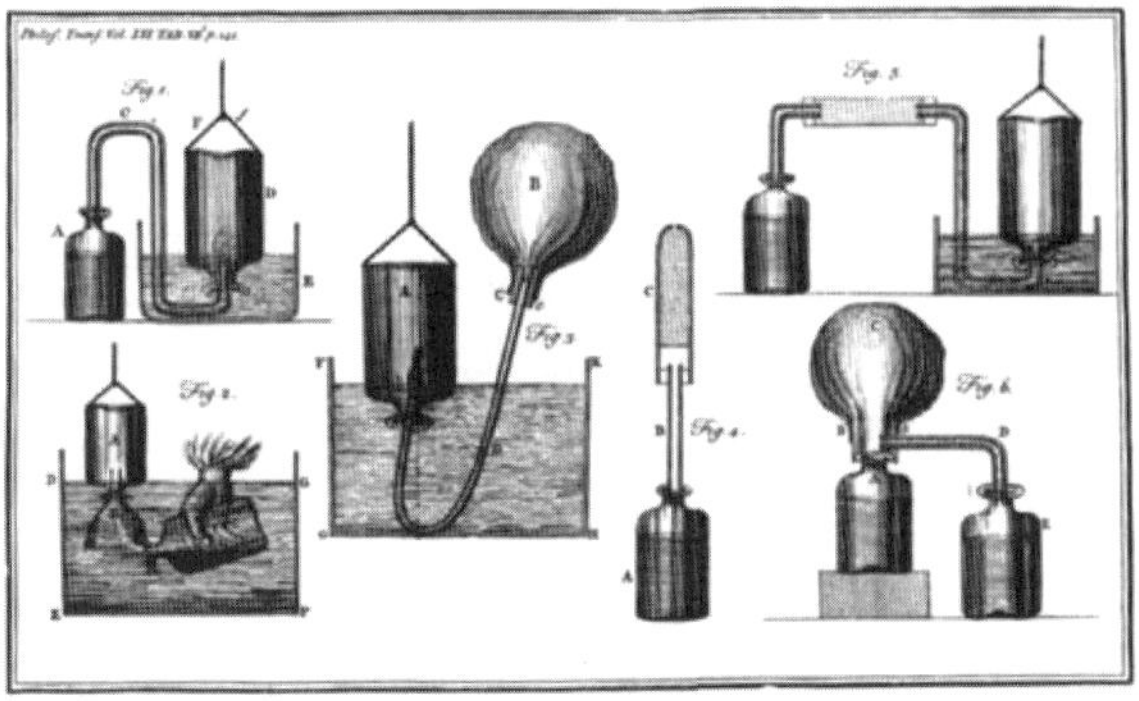

キャベンディッシュが使用した実験装置

自由気侭に研究する毎日でした。その成果は冒頭に紹介した近代科学の基礎となる法則の発見だけではなく、それ以外にも数多くの業績があります。

一七六六年の論文では、亜鉛やスズに硫酸や塩酸を反応させると、気体が発生することを発表しています。その気体を計測し、空気の一一分の一の質量であることと発表しています（現在の精密な測定では一四・四分の一）。当時、燃焼はフロギストンという物質が放出されることという学説が流布していたため、この気体は金属から発生したフロギストンと解釈していましたが、実際は水素でした（図）。

一七八四年発表の論文では容器に水素と

窒素を封入して電気火花で反応させると硝酸が発生し、容器内部の窒素と発生した酸素を除去すると、何物とも反応しない気体が残存するという結果を発表します。これは一〇〇年以上経過した一八九四年に二人の学者が確認し、その気体を「活発ではない」という意味のアルゴンと命名しています。キャベンディッシュはアルゴンも発見していたのです。

さらに一七九八年の論文では、王立協会会員J・ミッチェルが製作した装置を入手して測定した地球の比重の数値を発表しています。キャベンディッシュ自身は気付きませんでしたが、この測定結果とI・ニュートンが発見した万有引力の法則によって万有引力定数を計算することが可能でした。実際に計算してみると、相当の精度の測定結果であることが判明しています。

死後に判明した偉大な業績

これらの発見や冒頭に紹介した発見の大半はノーベル賞級の業績ですが、残念ながら同賞が創設されたのは、キャベンディッシュの死後九〇年のことでした。しかし、同賞が存在していたとしても、キャベンディシュは受賞に関心はなかったはずです。生涯、王立協会の学術雑誌に一八編の論文を発表しましたが、それ以外の研究成果は公表せず、膨大な記録として手許に保存していただけでした。

その大量の遺稿のうち化学に関係する一部はキャベンディッシュの死後二九年目に「イギリス科学振興協会報告」に発表され、次第に業績の素晴らしさが社会に認知されていきます。とりわけ絶対温度の導入や熱力学第二法則の発見で有名な物理学者W・トムソン（ケルヴィン卿）は原稿の内容に大変な価値があることに気付き、それを完全な形式で出版することを期待しました。

そのような経緯から、ケンブリッジ大学総長の七代デボンシャー公ウィリアム・キャベンディッシュは多額の寄付をして大学にキャベンディッシュ研究所を設立し、保管していた遺稿を寄託します。初代所長に就任した電磁気学の泰斗J・C・マクスウェルは原稿を整理し、記載されている実験を実施し、一八七九年『ヘンリー・キャベンディッシュ電気学論文集』を刊行します。

キャベンディッシュの生涯は初代所長マクスウェルの「キャベンディッシュにとっては研究そのものが重要であり、発表はどうでもよかった。普通の学者なら結果を発表して栄誉を獲得しようとするが、そのようなことにキャベンディッシュはまったく関心がなかった」という言葉に要約されています。生活に心配がなかったとはいえ、学問の本質を体現した清々しい人生の象徴のような学者です。

エヴァリスト・ガロア

信念を追求して夭折した天才数学者

(1811-32)

二〇歳の名言

「僕は二〇歳だった。それが人生でもっとも美しい年齢などとは誰にも言わせまい」という言葉があります。フランスの作家P・ニザンが二六歳の一九三一年に発表した処女作『アデン・アラビア』の冒頭です。やはりフランスの作家で一九五七年にノーベル文学賞を受賞したA・カミュの小説『異邦人』の「きょう、ママンが死んだ」とともに、冒頭の文章としては二大傑作とされているほど強烈な印象をもたらす名文です。

カミュは年齢こそ四七歳でしたが、ノーベル文学賞受賞から二年後に親友の運転する自動車事故で死亡し、ニザンは三五歳のとき、ナチス・ドイツがフランスに侵攻してきたときの戦闘で戦死したこともあり、これらの言葉は若者に絶大な人気がありました。今回はもう一人、病床で「泣かないでくれ、二〇歳で死ぬのにはありったけの勇気が必要だから！」という言葉とともに死亡したフランスの偉大な若者の人生を紹介します。

一次方程式

$ax+b=0$　　解：$x=-b/a$

二次方程式

$ax^2+bx+c=0$　　解：$x=(-b\pm\sqrt{b^2-4ac})/2a$

三次方程式

$ax^3+bx^2+cx+d=0$

四次方程式

$ax^4+bx^3+cx^2+dx+e=0$

五次方程式

$ax^5+bx^4+cx^3+dx^2+ex+f=0$

高次方程式

ガロアの生きた革命時代

方程式の解答を発見する方法には図形を利用する幾何学的解法と数字で計算する代数学的解法があります。後者に限定すると、一次方程式は簡単に計算できますし、二次方程式は公式によって計算可能です（図）。長年、三次方程式と四次方程式の代数的解法はないとされてきましたが、一五四五年にイタリアの数学者J・カルダーノが『アルス・マグナ』という著書で解法を発表し、複雑な公式ですが、計算することが可能になりました。

しかし五次方程式の代数的解法の発見

は難問でした。一九世紀中頃にイタリアの数学者P・ルフィニが完全ではないものの解法は存在しないことを証明し、さらに二七歳で夭折したノルウェーの数学者N・アーベルが一八二四年に正確に証明しました。これが「アーベル＝ルフィニの定理」です。そして、どのような条件であれば代数的解法が存在するかを明確にしたのがフランスの数学者エヴァリスト・ガロアです。

ガロアの生涯を紹介するためには、一九世紀のフランスの社会状況を理解しておく必要があります。毎年七月一四日はフランス国祭とされ、盛大な祝祭が実施されます。一七八九年の同日にフランス革命の発端となったバスチーユ監獄への襲撃が勃発したことを記念したものです。この騒動が拡大し、三年後には一五八九年から継続してきたブルボン王朝が終焉し、翌年にはルイ一六世と王妃マリー・アントワネットが処刑されます。

このような混乱の渦中から台頭したのが軍人ナポレオン・ボナパルトでした。一八〇四年にはフランス皇帝に就任、第一帝政時代になります。それ以後、ヨーロッパ各地に侵攻し、アウステリッツの戦闘（〇五）、フリートラントの戦闘（〇七）、ヴァグラムの戦闘（〇九）などで連戦連勝しますが、一二年のモスクワ遠征に失敗して失脚、一四年に地中海のエルバ島に追放され、ルイ一八世が即位してブルボン王朝が復活します。

しかし翌年の一八一五年に追放されていたエルバ島から脱出したナポレオンは再度、皇帝となりますが、イギリスとプロイセンの連合軍とベルギーのワーテルローで戦闘して敗戦し、今度は大西洋上の孤島セントヘレナに流刑となります。この復帰した期間が有名な「百日天下」です。その結果、ルイ一八世が復位してブルボン王朝が再興されますが、このブルボン王朝も長続きせず、三〇年の七月革命で打倒されます。

数学に能力を発揮

この動乱の最中の一八一一年に、パリ郊外のブール・ラ・レーヌに誕生したのがガロアです。父親は公立学校の校長で、町長にもなった人物でした。一二歳までは母親に教育されていましたが、一三歳でパリにある、日本の高等学校に相当するリセの名門リセ・ルイ・ル・グランに入学します。その時期のフランスは王政復古の最中で、校長は保守主義の傾向にあり、ガロアは成績優秀であったものの、反抗精神を醸成していきます。

その結果、二年になると学業に熱中せず、健康にも不安があったため、校長の判断で留年することになってしまいます。時間に余裕ができたため、必修ではない数学の授業を受講しますが、そこで熱心な数学教師に出会って数学に関心をもつようになり、教科書として使用されていた当時の著名な数学者A・M・ルジャンドルの初等幾何学に魅了されます。これは二年間の教材でしたが、わずか二日間で読破してしまうほどの才能でした。

しかし、当時のフランスでは数学教育は重視されていなかったため、数学教師が対応に苦慮するほどの才能を発揮していたにもかかわらず、数学に熱狂しすぎていると評価されたうえ、一六歳で理工科学校（エコール・ポリテクニク）を受験しますが、合格できませんでした。しかし、リセでは数学の特別学級に進級し、ここで優秀な数学教師L・リシャールに出会い、その指導によって一八二九年に数学の最初の論文を執筆します。

しかし、同年七月に父親が自殺するという不幸が発生し、その時期に再度、理工科学校を受験しますが、身内の不幸も影響し合格できませんでした。さらなる不幸が襲来します。ガロアは素数次方程式の解法を発見して論文を作成し、著名な数学者A・L・コーシーに手渡します。コーシーは翌年一月のフランス学士院の会合で論文を発表すると約束しますが、その会合に欠席したどころか、論文を紛失してしまったのです。

このコーシーは「コーシー＝シュワルツの不等式」や「コーシーの積分定理」など数多くの業績がありますが、その一方で罪深い学者でもありました。前述の「アーベル＝ルフィニの定理」に名前が記録されるアーベルは貧困のなかで研究し、数多くの論文を執筆します。その一部を審査のためコーシーに送付しましたが、コーシーは審査をしないまま紛失したのです。これがアーベルやガロアの夭折の一因という意見もあるほどです。

政治活動に熱中

ガロアはコーシーが紛失した論文を再度、フランス学士院に提出します。その審査の担当は、現在でも頻繁に利用される「フーリエ解析」を発明したフランスの数学者J・B・J・フーリエでした。ところがフーリエが急死し、その混乱で、またしても論文が紛失してしまいます。ガロアは大学準備学校に入学しますが、本来の目標の理工科学校に合格できなかったことと論文の紛失などで、次第に政治活動に熱中していきます。

一八一五年の王政復古で再興したブルボン王朝のルイ一八世の時代錯誤な治世に反発した市民が三〇年七月に王政打倒の革命運動を開始します。七月革命です。共和主義に傾倒しはじめていたガロアは運動に参加しようとしますが、校長が許可しませんでした。そこでガロアは急進共和主義の秘密結社「民衆友の会」に参加し、校長の対応を嘲笑するような記事を学校新聞に掲載したため、翌年一月に放校されてしまいます。

それ以後も、ガロアは数学の会合などに出席していますが、そのような場所でも乱暴な発言をし、家庭でも「民衆を蜂起させるために、だれかの死体が必要であれば、その死体に自分がなってもいい」という発言をするほど過激になり、母親が家出をするほどでした。そして「民衆友の会」に参加していた学生A・シュバリエとともにナイフを懐中にしてパリ市内を行進して逮捕されて有罪となり、禁固六ヶ月の判決となります。

ガロアはサント・ペラジー監獄で服役しますが、ポアソン分布を発表する数学者S・

D・ポアソンに送付してあった論文が、内容の修正を要求する伝言とともに返却され、憂鬱な精神状態になっていたうえ、周囲の囚人から飲酒を強要されることもあり、健康状態も悪化していきます。ところが一八三二年三月にパリ市内でコレラが流行したため、監獄の付近にあるフォートリエ療養所に仮出所が許可されます。

決闘による死亡

その時期にポアソンから指摘された論文の添削をするとともに、何通かの手紙を友人に送付しています。それらは当時の絶望した気分を表現していますが、一緒に逮捕されたシュバリエへの手紙には「僕にはもう時間がない」という有名な言葉もありました。ある一通には「つまらない色女」のために決闘することになったと記述しています。当時のフランスでは決闘は禁止でしたが、二〇世紀初期までは普通に実施されていました。

一八三二年五月三〇日未明、パリ郊外で決闘が実行されガロアは負傷しますが、現場に放置されました。数時間後に付近の農夫が発見し病院に搬送されますが、病状が悪化し翌朝死亡します。その直前の実弟アルフレッドへの言葉が冒頭の内容です。モンパルナス共同墓地での葬儀に「民衆友の会」を中心に三〇〇〇人ほどの共和主義者が参列しましたが、暮石は跡形もなくなり、没後一五〇年の一九八二年に墓碑が建立されました。

最近になり、ガロアが手紙に記載していた「つまらない色女」の素性が判明しました。ガロアが最後に滞在していたフォートリエ療養所の所長J・L・P・デュモテルの令嬢ステファニーで、見染めて求婚しますが、丁重に拒絶されたということです。「つまらない色女」ではないため、決闘は色恋沙汰ではなく、熱心な共和党員であったガロアを謀殺するための陰謀であったという見解も根強く存在しています。

潔癖を追求し、旧習が横行する社会への憎悪から過激な行動を敢行するのは若者の特権かもしれません。それを実行したガロアのわずか二〇年間という生涯は大人には正視できないほど光輝くものです。しかし、一〇代から数多くの数学の論文を執筆し、現在でも利用されているガロア理論を創造するほどの能力を、歴史のささやかな転換のために投入したことは残念でもあります。

持出しで玉川上水を開削した
庄右衛門と清右衛門

弟：清右衛門（?-1696）
兄：庄右衛門（1622-95）

都市の発展を左右する用水

古代の四大文明はナイル川、チグリス川、インダス川、黄河という大河の流域に発展してきましたし、ロンドンとテームズ川、パリとセーヌ川、ニューヨークとハドソン川、モスクワとモスクワ川など、現代の巨大都市も大河の川岸に立地しています。鉄道や道路が発達する以前、人間の移動も貨物の輸送も水運に依存していたという理由もありますが、多数の人間が生活するためには飲用にも生活にも大量の淡水が必要だからです。

それを象徴する都市があります。インドの首都ニューデリーから約二〇〇キロメートル南側にアーグラという都市があり、その郊外にすべての建物が赤色砂岩で建造された壮麗な都市ファテープル・シークリという世界文化遺産に登録された廃墟があります。ムガル帝国三代皇帝アクバルが嫡男の誕生を記念して一五七四年に建造し、遷都した場所ですが、一四年後に放棄されました。理由は酷暑と十分な淡水が確保できなかったことです。

日本の首都東京の発端は、関東北部を拠点としていた太田一族の太田道灌が一四五七年に江戸一族の支配していた土地に築城したことです。八六年に道灌が暗殺されてからは寒村のままでしたが、豊臣秀吉の家臣徳川家康が一五九〇年に関東に移封され、その拠点として江戸を選択したことが発展の契機となりました。当時は大半が湿地であった場所が選択された重要な理由は水運と用水に最適な利根川に近接していたこととされます。

一六〇三年に家康が江戸幕府を創設して江戸は行政の中心となりますが、地方都市でしかありませんでした。〇九年にスペインが支配するフィリピンの臨時総督D・ロドリゴの指揮する艦隊が難破して房総半島に漂着しますが、その見聞記には、江戸の人口は一五万人程度とされています。その時期の大坂は三六万人で世界四位、京都は三〇万人で世界五位の巨大都市でしたから、開府直後の江戸は目立たない存在でした。

ところが一六二三年に就任した三代将軍徳川家光が三五年に参勤交代と各地の大名の正妻と嫡男を江戸に在府させる制度を制定し、全国二百数十の大名は江戸府内に何軒かの大名屋敷を構築して家臣を在住させることになり、江戸の人口は一気に増加します。五〇年頃には世界一位の都市はイスタンブール（七〇万人）でしたが、二位は江戸（五〇万人）となるまでに拡大し、パリ（四五万人）やロンドン（四〇万人）以上になります。

用水不足に対処した玉川上水

都市の発展としては結構でしたが問題が発生しました。上水不足です。家康は江戸開府を決定した一五九〇年、家臣大久保藤五郎に水道の準備を命令し、現在の文京区小石川にある水源から神田方面に通水する小石川上水を建設していました。しかし、それだけでは不足のため、現在の東京都心の溜池の場所に土手を構築して水源を用意するとともに、西方の井の頭池や善通寺池の湧水を水源とする神田上水を一六二九年に完成させていました。

しかし、人口の増加とともに不足は顕著となり、四代将軍に徳川家綱が就任した翌年の一六五二年に町奉行神尾備前守元勝に命令して上水拡張計画を策定します。それは江戸城から五〇キロメートルほど西方に位置する玉川から水路を建設するという壮大な構想でした。この計画の詳細は知恵伊豆との愛称をもつ老中で川越藩主の松平信綱の家臣安松金右衛門が作成したとされていますが、実際の工事を請負ったのは二人の町人でした。

府内の芝口在住の町人の庄右衛門と清右衛門の兄弟が幕府から工事費用として金七五〇〇両を下賜されて請負いました。二人に下命された理由は府内に生活しているものの、出生は玉川左岸の羽村出身で工事現場の地理に精通していたからとされています。しかし巨大事業ですから簡単に発注されたわけではなく、老中をはじめ寺社奉行や勘定奉行が慎重に検討し、兄弟の案内により三名の役人が六日をかけて実地検分をしています。

このような準備の結果、一六五三年一月に両名に工事が委託され、四月に着工されました。それから八ヶ月後の一一月に羽村から、江戸への出入りを検分する関所の四谷大木戸まで一〇里三二町（約四二キロメートル）の水路が掘削され、羽村の取水口から通水してみると見事に用水が到達しました。それから水路の仕上げをして翌年六月に完成し、さらに四谷大木戸から虎ノ門までの水路も五五年七月に完成しています。

幾多の難問を解決して完成

現在の技術からしても容易ではない工事にもかかわらず、ほとんど人力のみの作業で一年にもならない短期で実現したことは大変な偉業でしたが、それだけではなく何重もの難関を突破して実現したのです。第一の難関は取水口の位置でした。当初は河口から約四〇キロメートルの日野が選定されましたが、一部を開削して通水してみたところ、地盤が浸透性のある「水喰土」で、川水が地下へ浸透してしまうため変更が必要になりました。

そこで一〇キロメートル上流の福生に変更しましたが、掘削してみると強固な岩盤に突当り、これも実施不可となりました。そのような事情から全体計画を作成した安松金右衛門が指揮することとなり、福生から約五キロメートル上流で、玉川が蛇行している場所から取水することになりました。しかし当時の玉川は木材を運搬する筏流しが頻繁で、取水堰が邪魔になり、本流を改築して筏流しを可能にする苦労もありました。

開始直後から予期しない問題が発生して遅延し、工事期間は大幅に減少しましたが、さらなる難問は水路の勾配でした。取水口と四谷大木戸の距離は四二キロメートルですが、高低差は九二メートルしかなく、勾配は四六〇分の一でしかありません。四六〇メートルの区間の高低差が一メートルですから、自然流下のみで到達させせることは難事でした。とりわけ工事は昼夜突貫でしたから、夜間の測量には特別の工夫が必要でした。

この水路の用水は途中の周辺地域にも生活用水や灌漑用水として分水する計画で、上流から福生分水、拝島分水、砂川分水、小平分水、そして工事総責任者の川越藩主松平信綱の地元の新座まで送水する野火止用水路など三三ヶ所が建設されましたので、丘陵の尾根の部分を通過させて周囲へ自然流下させる構想でした。そこで夜間になると、近場は工夫が線香を、遠方は提灯を手持ちで移動し、その明滅によって高低を判断していました。

最後の難問が工事資金の調達でした。当初は幕府から請負代金として七五〇〇両が提供される約束でしたが、最初に手渡されたのは六〇〇〇両のみでした。この資金は工事の初期に足踏みしたこともあり、取水口から三〇キロメートルの高井戸まで掘削した段階で枯渇してしまいました。そこで幕府に再三請求しますが、無事に工事が完成した段階で支払うから自分で資金を工面して完成させるようにという冷淡な返事でした。

そこで兄弟は手持ち資金二〇〇〇両を追加し、さらに府内に所有していた三軒の

玉川上水（羽村）

屋敷を売却して一〇〇〇両を調達し、工事を見事に完成させたのです。水路は取水口から約二キロメートルは幅員六間ですが（図）、それ以後は二間の開渠で四谷大木戸まで、そこからは石造の暗渠で四谷見附に到達し、そこで二方に分配し、木樋で江戸城内と虎ノ門に導水していました。すべて完成したのが一六五五年七月でした。

永代水役となった玉川一家

この功績により、兄弟は玉川という苗字と帯刀を許可され、一家は永代水役として玉川用水の管理を委託されるとともに、その役割遂行のため二〇〇石扶持相当の金銭が授与されることになりました。しかし、家財すべてを投入して工事を完成させたうえ、素掘りの水路は頻繁に補修が必要のため、その金額では役目の遂行が困難であると嘆願し、二〇〇石扶持を廃止し、利用する武家や町人から上水料金を徴収する権利を付与されました。

この上水修復料銀という名前の使用料金は一六五九年から徴収が開始され、武家は石高に対応して、町人は住居の間口に比例して課金される制度でした。ところが一六六一年になり、その半額で役目を実施するので交替させてほしいと申請した町人が登場しました。そこで兄弟は玉川上水開発に巨額の自己資金まで投入して努力した経緯を奉行に説明した結果、交替は回避できましたが、料率が三分の二に減額されてしまいました。

それでも十分な収入がありましたが、初代の庄右衛門が一六九五年に、清右衛門が翌年に死亡し、三代目になった一七三九年に事件が発生しました。町奉行所から老中に伺書が提出され、年間四四〇両以上の料金を徴収しながら見回りもせず、水門や水路などの補修も迅速ではない結果、江戸で給水不足が頻発しているという内容でした。そのため両名は免職になったうえ、仕事を実質差配していた三代目清右衛門は江戸追放になったのです。

明治時代にも顕彰された兄弟

「売家と唐様で書く三代目」の言葉のような経緯ですが、初代の庄右衛門と清右衛門の功績は現在でも十分に評価されています。明治時代になった一八八五年には、四谷大木戸の水番屋跡に神田上水と玉川上水の由来とともに、開設に貢献した両名の功績が記載され、一九一一年には明治政府から両名に従五位の位階が贈位されています。さらに戦後の五八年には羽村の取水堰の公園に兄弟の銅像が建立され、名所になっています。

明治時代になり、玉川上水の用水は新宿の淀橋浄水場に導水されて神田方面に給水されていましたが、一九六五年に淀橋浄水場が廃止されると、一部は村山貯水池と小作浄水場に送水されたものの、大半は神田川に放流されていました。一七三七年に玉川上水が小金井市を通過する両岸に山桜が植樹され、名勝小金井桜として有名になっていましたが、一九九九年には歴史環境保全地域に指定され、兄弟の努力は現在に継承されています。

宝暦治水

薩摩武士の気概を後世に伝承した

平田靱負（1704-55）

江戸幕府の統治政策

一五世紀末から約一〇〇年間継続した戦国時代を終焉させて天下統一を達成した豊臣秀吉の没後、家臣が二派に分裂し、徳川家康が統率する東軍と石田三成を中心とする西軍が激突する「関ヶ原の合戦」が一六〇〇年一〇月二一日に勃発しました。場所は美濃国関ヶ原で、双方でおよそ七〇の全国の大名、合計二〇万人の兵力が激突する天下分目の戦争でしたが、半日の戦闘で東軍が勝利して決着しました。

その功績により一六〇三年に征夷大将軍に任官した徳川家康は江戸を拠点とする徳川幕府を開府し、以後二六〇年以上継続する江戸時代が出発します。しかし、天下二分の戦争の影響を回避して社会を安定させるべく、幕府は様々な対策を実施します。まず東軍に参加した大名などを譜代大名として江戸を中心とする要衛の土地に配置するとともに幕府の要職に抜擢し、それ以外の外様大名を遠隔の土地に配置する国替をしました。

さらに大名証人制度により、各藩に江戸城下の敷地を供与する代償として大名の正室と嫡男を居住させて人質とし、また三代将軍徳川家光が一六三五年に改定した武家諸法度により、大名が隔年に江戸に参府する参勤交代を義務とします。このため大名には往来する街道の整備費用、道中の移動や宿泊の費用、国元と江戸の双方の住居の費用などが負担となり、各藩の国力が次第に弱体になる一方、幕府の権力が拡大していきます。

それ以外に大名の石高を基準にして負担させたのが、天下普請や手伝普請という名前で実行された土木建築工事でした。建築工事では城郭の建造が有名で、徳川幕府の本拠の江戸城、摂津国大坂城、駿河国駿府城、近江国彦根城、山城国二条城など数多くが築城されました。土木工事は河川改修が中心で、江戸城下の神田川や京橋川の掘削工事、駿府国の安倍川の改修工事などがありますが、とりわけ巨大な工事が木曽三川の改修でした。

難関・木曽三川の治水

日本の河川の延長で七位の木曽川（二二九キロメートル）、一六位の長良川（一六六キロメートル）、三四位の揖斐川（一二一キロメートル）の三大河川は最後の二〇キロメートルほどは並行して濃尾平野から伊勢湾内に流入しています。この木曽三川は現在では堤防で分離されていますが、かつては網目のように複雑に交差して合流しており、大雨になると毎度氾濫していました。そのため三本の河川を分流する改修が必要でした。

一七三五年に美濃郡代の井沢為永が現地を調査して分流工事を立案しますが、巨大な工事のため幕府は許可しませんでした。しかし、頻繁に洪水の被害に見舞われる住民からは何度も幕府に三川分流の嘆願が提出されました。そこで一七四七年に井沢の計画の規模を縮小した工事が二本松藩に手伝普請として発令されますが、工事が完了しても問題は解決しないどころか、時代とともに土砂が堆積して被害が拡大する一方でした。

そのような背景から、一七五三年末に九代将軍徳川家重の意向により、遠江横須賀藩の藩主で当時の老中西尾忠尚が薩摩藩主島津重年に、幕府の指揮監督による手伝普請で工事を実行するよう命令します。しかし、財政が逼迫して巨額の借金がある薩摩藩では、直線距離でも七〇〇キロメートル彼方の無縁の土地の工事を命令されたことに激怒する藩士が続出しました。

主要な家臣の意見が集約しないと判断した家老の平田靭負は「無縁の遠方の美濃の人々を救済する義務はないかもしれない。しかし、薩摩も美濃も日本である。幕府の無理難題と解釈すれば立腹するのも当然だが、同胞の難儀を救済するのは人間の本分であり、忍耐して工事を完成すれば、御家安泰の基礎となるばかりか、薩摩武士の名誉を末永く後世に伝承することになる」との名言で反対する家臣を説得したといわれています。

薩摩藩士による工事の開始

翌年の一七五四年一月二一日に江戸から先発部隊が出発、二九日に勝手方家老平田靭負を総奉行、大目付伊集院十蔵を副奉行とする本隊が薩摩を出発します。追加された後続部隊も合計すると九四七名という多数でした。平田はしばらく大坂に滞在して金策に奔走しますが、本体は二月九日に到着、ただちに美濃大牧の豪農鬼頭兵内の約四九〇〇坪の土地を借用して本部となる役館を設置、それ以外の五ヶ所に出張小屋を整備しました。

治水工事を実施する流域は美濃、尾張、伊勢の一九三村にもなる広大な範囲で、工事の対象の河川の延長は一一〇キロメートル以上という巨大工事です。そこで全体を一之手から五之手までの工区に分割して施工することになりましたが、幕府との合議により五之手は中止になり、四ケ所の工区で実施することになりました。雪解けによる増水以前に工事を開始するため、到着から二〇日もしない二月二七日に着工します。

この工事の主要目的は治水ですが、幕府が工事を薩摩藩に命令した本意は雄藩を弱体にすることでしたから、様々な苦労がありました。幕府から派遣される監督の役人が交代すると、完成した部分を変更させることもあり、工事開始から二ヶ月もしない四月に二名の藩士が抗議の切腹をしていますが、幕府への抗議と解釈され御家断絶にもなりかねないため、すべて病死と報告されました。

さらなる犠牲の原因は病気でした。八月に工事現場で赤痢が流行、馴染みのない過酷な労働のため体力を消耗した藩士三二名が病死するという悲惨な事態も発生しています。かつては村人が妨害したという説明もありましたが、実際は自分たちのために工事をしてくれる薩摩の人々の誠意ある態度に好意をもち、両者は急速に接近し、協力関係が成立していったようです。

過酷な工事現場

セメントや鉄材などの素材やブルドーザやクレーンなどの重機もない時代に、工事は困難なものでした。一之手の区域は木曽川が美濃と尾張の国境を流下していく場所ですが、水勢を緩和するために河川に突出する「猿尾」といわれる堤防を構築する必要がありました。小石を単体で投入しても下流に流出してしまうので、直径三〇センチメートル、延長六メートルほどの細長い竹篭（蛇篭）に小石を詰込んだものを投入します。

一本の猿尾の構築には推定で四〇〇〇から六〇〇〇の蛇籠が必要とされていましたから、その用意だけでも大変です。しかも投下しただけでは安定せず、水中に木杭を打込む必要がありますが、不慣れな武士が急流で水中工事をすることも難行でした。雪解けによる増水が顕著になる五月下旬に工事を中断、九月に再開しますが、この期間に何度も洪水により堤防が決壊し、その責任を痛感して三六名の藩士が自害しています。

二期工事の最大の難関は尾張、美濃、伊勢三国の境界で木曽三川が合流する四之手の油島でした。木曽川と揖斐川を分流するための約二キロメートルの締切堤防の構築が必要でしたが、この地点では二本の河川の川底に落差があり、困難な工事でした。最初に小石を満載した廃舟を所定の位置まで運搬して沈没させ、運搬した人間が急流を横切って帰還するという危険な工事でしたが、ようやく翌年三月に完成しました。

工事の開始から約一三ヶ月が経過した三月下旬に、完全な三川分離は実現しなかったものの宝暦治水工事が完成、四月から約五〇日かけて幕府の検分があり、担当した幕吏は「御手伝普請結構な出来致して御座る」と称賛したとされています。この工事で薩摩藩は四〇万両（約三〇〇億円）にもなる出費と八五名（自死五二名・病死三三名）の藩士が殉職しています。

明治時代になって周知された偉業

平田靱負は自害説と病死説がありますが、「住み慣れし／里も今更／名残りにて／立ちぞわづらふ／美濃の大牧」の辞世とともに五二年の波乱の人生を終了しました。遺体は山城伏見の大黒寺に、遺髪は薩摩の妙国寺に埋葬されました。さらに藩主島津重年も心労から翌月に二七歳で病没します。しかし平田が家臣を説得した「薩摩武士の名誉を後世に末永く伝承する」という偉業が衆知されるのは明治時代になってからでした。

明治になった一八九三年、江戸時代には幕府の手前、困難であった藩士の埋葬を快諾した三重県桑名市の海蔵寺で「薩摩藩士埋葬寺送り」という埋葬証文が発見され、事件が衆知されるようになりました。その結果、治水の恩恵を享受している三川の下流地域で顕彰活動が開始されます。一九〇〇年には千本松原南端に「宝暦治水碑」が建立され、三八年には殉職した藩士を祭神とする「治水神社」が付近に建立されました。

（公社）鹿児島県特産品協会提供

薩摩義士碑

薩摩では膨大な出費と多数の犠牲をもたらした治水事業は、当初、評価されず、顕彰が出遅れましたが、一九一七年に「薩摩義士顕彰会」が結成され、二〇年には鹿児島市に平田靭負を頂点に治水工事に従事した藩士のみならず、幕吏で切腹した内藤十左衛門と竹中伝六をも合祀する「薩摩義士碑」が建立されました（図）。戦後の一九五四年には平田靭負の屋敷跡地に銅像が建立され、薩摩武士の意気が末永く伝承されるようになったのです。

私財を投入して故郷を再建した

濱口梧陵

（1820-85）

巨大な災害をもたらす津波

第三章の今村明恒の文章で紹介した「リング・オブ・ファイア」の上部に位置する日本には頻繁に巨大地震が襲来しており、一九八〇年から二〇〇〇年までに世界で発生したM五・五以上の地震の発生回数では日本は世界四位ですが、国土面積あたりでは世界一位の地震大国です。最近では二〇一一年三月一一日に三陸地方に襲来した東北地方太平洋岸地震（M九・〇）が代表です。

この地震の影響により発生するのが津波です。世界の自然災害で死者が多数の災害は洪水で、一九三一年に中国の長江の氾濫で約四〇〇〇万人、一八八七年の黄河の氾濫では約九〇万人が死亡していますが、二〇〇四年に発生したスマトラ島沖地震では津波によって約二三万人が死亡し、東日本大震災でも死者と行方不明で二万人以上になっています。今回は江戸末期に発生したM八・四の安政地震のときに活躍した偉人を紹介します。

安政二大地震の発生

江戸末期の一八五三年六月にアメリカのM・ペリーを司令長官とする四隻の艦隊が浦賀に来航、さらに翌年二月には、再度、九隻で来航して開国を要求してきたため、江戸幕府は騒然となりました。その社会情勢を象徴するかのように、年末の一一月四日に安政東海地震、翌日に安政南海地震と名付けられるM八・四の巨大地震が日本の太平洋岸を襲撃し、各地で甚大な被害が発生しました。

前者による全国の家屋の被害は約九〇〇〇棟、死者は約六〇〇人、後者は約六万棟と約三〇〇〇人という被害を幕末の日本にもたらしました。この全国規模の被害により、元号は地震直後に嘉永から安政に改元されました。現在の和歌山市から直線距離で約二〇キロメートル南側の海岸に紀伊国有田郡広村（和歌山県広川町）という人家約三〇〇戸、人口約一三〇〇人の集落がありましたが、ここにも安政の二大地震が襲来しました。

一一月四日の午前一〇時頃に発生した安政東海地震は震源が東海道沖であったため、

広村には津波も襲来せず、ほとんど被害はありませんでした。ところが翌日の午後四時頃に発生した安政南海地震は震源が南海道沖という近傍であったため、震度も巨大でしたが、最高では約五メートルにもなる津波が七波も襲来し甚大な被害をもたらしました。そのとき救助や再建に活躍したのが地元の名家の当主濱口梧陵です。

識者から国際情勢を学習

濱口は一八二〇年に広村の濱口家の分家の長男として誕生しました。濱口家は一六四五年に利根川河口の銚子にヤマサ醤油を創業し、江戸でも有数の醤油醸造の商売をするほど繁盛します。この本家の六代目に跡継が誕生しなかったため、分家の濱口が一一歳になった三一年に嫡子として本家に移籍し、家業を見習うために銚子に移動し修行しました。当時は跡継といえども、丁稚などと一緒の修行をするという慣習でした。

二〇歳で一旦帰郷し、広村の隣村湯浅の女性と結婚、再度、銚子に移動しますが、そこで生涯の友人となる銚子の蘭医三宅艮斎と交際し、当時の切迫した国際情勢を教示されます。その影響で武術の修練の必要を痛感し、当時の砲術の第一人者佐久間象山に師事します。それらの経験から、世論は開国を要求して接近してくる外国を排斥する鎖国攘夷の論調が主流でしたが、濱口は開国を主張し、欧米視察を願望するようになります。

そのような見識を蓄積して一八五一年に帰郷した濱口は若者の教育こそ地域の将来に重要だと、剣道、槍術など武術とともに国学や漢学の教育をするための私塾「広村稽古場」を開設します。これが「耐久社」となり、現在の耐久中学、耐久高校へと発展してきました。五三年に家督を相続した濱口は当主として「梧陵」を「儀兵衛」に改名し、一旦は江戸に出向きますが、津波が発生したときには帰郷しており、見事な能力を発揮しました。

災害への対応に活躍した濱口

一一月四日の午前一〇時頃に発生した最初の地震のとき、巨大地震の直後には津波が襲来するとの口承を伝聞していた濱口は村民にそれぞれ家財道具を高台に運搬させ、老人、女性、子供は八幡神社に避難させ、三班の壮年男子を盗難や火災の予防のため巡回させました。そして神社の境内では炊事をして避難している村人に食事を提供しました。しかし津波は襲来しなかったため、村人も自宅に帰還し、一件落着のようでした。

ところが翌日、村人が前夜の御礼に濱口の邸宅に三々五々訪問しはじめた午後四時前後に、前日以上の強烈な地震が発生し、十数分後には津波が襲来しはじめました。合計七波のうち、最高は約五メートルという巨大津波でした。海岸に係留してあった漁船は漂流し、広川を逆流して低地に氾濫した津波は甚大な被害をもたらし、濱口自身も巻込まれますが、高台に漂着してなんとか無事で、八幡神社に到着して陣頭指揮をします。

濱口は村人とともに村内を巡視しようとしましたが、流失家屋が邪魔になって進行できないため高台に帰還しました。しかし次第に暗闇となり、まだ海上を漂流している村人を高台に誘導するため、道端に積み上げてあった稲むらに次々と点火して逃道の目印にします。そのおかげで九名の村人が高台に到達できましたが、結果として、死者三六名、流失家屋一二五軒をはじめとする家屋の被害は三三九軒という巨大な被害になりました。

この濱口の活躍はマスメディアが普及していない時代には広汎に話題になることはありませんでしたが、一八九〇年に来日して英語教師となったL・ハーン（小泉八雲）が一八九七年に出版した英文の書籍『グリーニング・イン・ブッダフィールド（仏陀の畑の落穂拾い）』の冒頭に、やや脚色した内容ですが「ア・リビング・ゴッド（生き神様）」として紹介したため、国内だけではなく海外でも有名になりました。

それから四〇年後、この内容が全国に浸透することになります。広村の隣村湯浅の出身で耐久中学を卒業した中井常蔵が師範学校の英語教材でハーンの物語に出会い感動します。地元の教員となった中井が文部省の教材公募に「津波美談」という題名で応募したところ採択され、一九三七年から『小学国語読本』に掲載されたのです。二〇一五年に国際連合が一一月五日を「世界津波の日」に制定したのは、この事跡を記念したものです。

地元の復興に私財を投入

濱口は津波の最中だけではなく、地元の復興にも大変な尽力をしています。震災の直後に隣村から貯蔵米や年貢米を借入れて村人に配給し、私財で漁船や農具を購入して村民に配布してきました。しかし、家屋も家財も喪失した村民は、当座の支援だけではさらなる津波の襲来を心配して離村さえ検討しはじめます。それらの人々に金銭を支援するだけでは自立する精神を喪失させるのではないかと濱口は憂慮し、対策を検討します。

その対策は公共工事でした。今後の津波対策として海岸に堤防を建設し、その工事のために村人を雇用し、給料を支払うことによって村人が自立できるようにするという政策です。これは東日本大震災の復興でも防潮堤や高台住居の建設などで実施されていますから特別なことではありませんが、この工事を濱口は私費で実行したのです。国家の支出に依存したのでは開始までに時間がかかりすぎると判断したからです。

堤防は被災後三ヶ月から三年かけて建造され、村人五〇〇名ほどを毎日雇用し日当は当日支払いました。一八五八年に尊皇攘夷運動を弾圧する安政の大獄事件が発生するなど社会が緊張してきたため堤防は短縮されましたが、延数で五万六七三六人を雇用、全長六五〇メートル、根幅二〇メートル、天幅三メートル、高さ五メー

広村堤防

トルの堤防が実現しました（図）。濱口が復興に投入した私財は現在価格で二〇億円にもなります。

アメリカで客死の最期

このように濱口は郷里のため多大の貢献をしましたが、さらに広汎な活躍をします。江戸末期に紀州の藩政改革を実行した力量が明治政府に評価され、一八七一年に策定された郵便制度を所管する初代駅逓頭（郵政大臣）に任命されます。実業の経験がある濱口は将来民間に移管することを主張しますが、官営を主張した前島密と衝突し、一週間後には辞任し和歌山県大参事官（知事）を拝命、八〇年には初代和歌山県議会議長に就任します。

一八八四年、すべての公職を辞任し、以前から願望していた海外視察に出発します。五月三〇日に汽船「シチー・オブ・トーキョー」で横浜から出港してアメリカに到着し、四ヶ月間カリフォルニアに滞在、一〇月二〇日から鉄道でソルトレイクシティ、オマハ、シカゴ、ナイアガラ瀑布などを経由して三一日にニューヨークに到着しました。しかし、そこで病気となり、翌年の四月二一日にニューヨークの病院で客死しました。

フロックコートを着用した正装のまま納棺された遺骸は五月二八日に汽船で横浜に到着、多数の人々の弔問を受け、再度、汽船で神戸を経由して広村に到着し、四〇〇〇余名が会葬する盛大な葬儀が六月一四日に執行されました。明治維新という日本に何度もない巨大な体制の転換が成功したのは、濱口のような日本の未来を冷静に判断し、敢然と挑戦した人々の努力の集積によるということを実感します。

自力で四日市港を建設した
稲葉三右衛門

（1837-1914）

民間が開発した港湾

人間の生活を維持するためには食料をはじめ様々な物資が必要です。それらは国内だけではなく、世界各地から調達されていますが、そのために輸送という仕事が重要になります。現代では陸運、海運、空輸に依存していますが、日本国内では重量単位で陸運が九二％、海運が八％、空輸は〇・〇二％でしかありません。しかし、島国である日本の国際貨物では海運が九九・七％、空輸は〇・三％で、海運が主役です。

鎖国をしていた江戸時代までの日本でも海運は活発でしたが、国内の輸送手段でしたし、船舶も小型の和船のため、巨大な港湾は不要でした。しかし、明治時代に開国すると、外国の大型船舶が到来するようになり、港湾は重要な施設になります。そこで政府は各地で港湾の整備を開始しますが、それ以外にも、海運を仕事とする商人たちが自身で築港と背後の工業地帯を開発する事例が登場します。

神奈川県の川崎から鶴見にかけて、鉄鋼、造船などの工場が集中する京浜工業地帯が展開していますが、その輸送拠点となる川崎港、鶴見港と工業地帯全体を開発したのは浅野財閥を創設した浅野総一郎でした。明治中期に外遊して欧米の港湾施設を見学した浅野は驚嘆します。当時の横浜港は汽船が沖合に停泊し、小舟で海岸まで乗客や貨物を輸送する状態でした。そこから脱却するために自力で港湾と工業地帯を整備したのです。

福岡の博多港は古代から大陸との交流の窓口でしたが、明治時代になると長崎港や門司港が九州の交易拠点になります。二〇世紀になり、明治政府が日本全体の港湾を調査して重要港湾を指定しますが、博多港は選外でした。明治末期に博多船溜が建造されますが、水深三メートル程度でしかありませんでした。そこで大正時代に私財を投入して近代港湾の基礎となる博多築港を建設したのが海運会社を経営していた中村精七郎でした。

港湾の再興を目指した稲葉三右衛門

伊勢湾奥にあり、現在では貨物の取扱重量で日本の一五番目の地位にある国際拠点港湾の四日市港が現在のような近代港湾となる基礎を構築したのも同様に民間の海運業者である稲葉三右衛門です。一八三七年に美濃国高須藩の旧家吉田詠再の六男として誕生し、当時は天領であった四日市町の廻船問屋稲葉家に奉公して、稲葉家の娘たかと恋愛結婚して婿養子になり、六四年に六代稲葉三右衛門を襲名します。

四日市港は十分な水深のある波静かな天然の良港として一五世紀から利用されてきました。江戸時代には江戸と上方の中間にあるという位置も貢献し、伊勢湾内で最大の港湾として発展します。ところが幕末の安政年間になると、一八五四年に発生したM八・四の安政東海地震をはじめ安政南海地震や豊予海峡地震が頻発し、さらに翌年にはM七・四と推定される安政江戸地震が発生しました。

これら巨大地震の影響で、四日市港の堤防が決壊して大量の土砂が港内に堆積し、前面が遠浅の海岸になり、港湾機能が低下するようになってしまいます。その影響で、それまで四日市港を利用していた海運会社の船舶が寄港しない事態になります。一八七〇年に東京と四日市間の汽船航路が開設され、四日市港は関東と関西を往来する貨客の中継地点となりますが、港湾機能低下の影響で、次第に敬遠されるようになります。

これは廻船問屋を経営していた稲葉にとって重大な問題であっただけではなく、

地域の発展にとっても暗雲でした。そこで私財を投入して四日市港を改修する決意をします。まず一八七〇年、すでに開港から一一年が経過していた横浜港を視察し、オランダの技師から測量や築港の技術を習得します。そして七二年に同業の盟友田中武右衛門と連名で「四日市港波戸場建築灯明台再興之御願」を三重県参事宛に提出します。

その内容は「港内の波止場の施設がないのは不便であるので、波止場を建設し、荷物の運搬が自由にできるために灯明台を再建して船舶の入港を便利にすれば、当地の商業が一層盛大になる」という趣旨でした。ところが意外にも即日許可されたため、翌年三月、自身の所有する土地を提供するとともに、県所有地六五二八坪の払下げも要望し、総工事費八万二五〇〇円という計画を提出して了承され、工事を実行することになります。

度重なる苦難を乗越え完成

繁盛している廻船問屋の主人とはいえ、一民間人が実行するのには巨額の費用を調達する必要があります。造成した土地からの地代の収入は想定していましたが、それ以外に開港から八年は港湾で荷揚げされる貨物の価格の〇・〇八％を港湾利用料金として徴収することを目論んでいました。これにより年間二五〇〇円、八年で二万円を確保し、港湾施設の建設費用四万五〇〇〇円の半分程度を回収できるはずでした。

ところがこの予算計画を記載した「四日市波止場建築伺」を三重県から大蔵省に提出したところ、当時の大蔵省事務総裁参議であった大隈重信から異議があり、物品に課税するのではなく、入港する船舶から徴税するようにという内容の返答でした。この一八七三年は明治政府が全国統一の税制を導入する地租改正を検討していた時期でしたから、地方が独自の徴税をすることは政府の方針と整合しないため、認可しなかったのです。

さらなる問題が発生します。共同で事業を実施する予定の田中武右衛門が、この資金調達が困難になった事情に前途を悲観して、工事開始から半年で事業から撤退したのです。しかし、稲葉は「自身が一〇万金を投入して地域に一〇〇万金の収益が発生すれば、結果として地域に九〇万金の収入をもたらすうえ、工事費用は作業をする貧民の収入になる」と表明し、工事を請負った長谷川庄兵衛とともに築港工事を開始します。

その熱意とは裏腹に四日市町の町民は協力せず、資金の調達も困難になり、開始から一年で工事の中断を余儀なくされる事態になりました。しかし築港は広範な地域の恩恵になると判断した三重県は県営事業として工事を肩代わりすることにします。ところが一八七五年になり、資金調達に目処をつけた稲葉が工事再開を依頼するのですが、これを三重県は拒否したうえに、様々な権利を県で保管することにしてしまいました。

この決定を不服とした稲葉は、翌年、三重県を相手に大阪上等裁判所に提訴します。それでも三重県は工事を継続していましたが、その年末に全国各地で発生した地租改正への反対運動が三重にも波及し、「伊勢暴動」といわれる騒動によって工事は中断せざるをえない状況になってしまいました。その中断時期の一八七八年に大阪上等裁判所への提訴は敗訴となったため、稲葉は上京して内務卿の伊藤博文に直訴したのです。

そこで内務省は調査を開始しますが、資金調達に目処をつけた稲葉は自費で工事を継続したいと申請し、一八八一年に内務省は工事継続の許可を決定します。その結果、三重県は工事が完了した段階で港湾を公有にするという条件で、それまで投入した費用を放棄し、稲葉が工事を継承することになりました。この工事には親藩であった桑名藩の桑名城の石垣の石材が使用され、歴史的建造物の破壊という非難も発生しています。

四日市町発展の恩人として顕彰

波乱万丈の経緯でしたが、四七歳の一八八四年に波止場と埋立地が完成します。その工事費用は当初の八万二五〇〇円を大幅に超過する二〇万円になりました。現在の価格では約一〇〇億円にもなり、稲葉は巨額の負債を背負うことになりましたが、工事の完成から四年後の八八年に稲葉に藍綬褒章が授与され、苗字を使用した「稲葉町」と、伴侶の名前たかを反映した「高砂町」も命名されるなどの栄誉を獲得しています。

稲葉が構築した港湾は「旧港」と名付けられ、その完成直後から「新港」の建設

稲葉三右衛門立像

の検討が開始されます。しかし完成から五年後の強烈な暴風により堤防が決壊し、その修復に資金が消費されたうえ、同年に全通した東海道線の影響で海運が減少し、潮吹堤防をもつ新港の建設はようやく一九一〇年に開始されました。稲葉は一四年に七八歳で病没しますから、この工事の開始を感慨をもって見詰めたはずです。

港湾の構想だけではなく、一八八三年には内陸への発展のため米原を経由して日本海側の敦賀に到達する日本横断鉄道構想も発表し、一部は三岐鉄道として実現しています。現在、四日市駅の西側の広場から出発する中央が公園になっている中央通りの西端に稲葉三右衛門の立像（図）が設置され、旧港の海岸には稲葉翁記念公園が開設され、その一隅には一八九七年に市民の建立した稲葉三右衛門君彰功碑が建立されています。

毎年八月初旬の週末に「大四日市まつり」が開催されますが、それは中央通りに設置された稲葉三右衛門の立像に献花することから開始されます。四日市市が県庁所在都市の津市を上回る人口三一万人の三重県最大の都市に成長した背景は四日市港を基盤とする工業と流通の発展ですが、それを実現させたのは、功利や功名を期待するわけでもなく、郷里の発展のために私財を投入した一人の商人の情熱だったのです。

最近、ＰＰＰ（パブリック・プライベート・パートナーシップ）という言葉が登場しています。道路や港湾など公共施設は中央や地方の政府が建設し維持するのが一般ですが、財政逼迫により困難になり、解決の方法として民間の資金や能力を活用しようという発想です。稲葉三右衛門が四日市港の実現のために実行した行動は、まさにＰＰＰの先駆ということができます。その視点でも重要な価値のある歴史的大事業でした。

日本の土木技術を先導した

廣井　勇

(1862-1928)

石炭運搬のための鉄道敷設

明治時代以前、蝦夷地といわれた北海道の大半は先住民族であるアイヌの人々が生活しており、その人数は合計でも数万という規模でしかありませんでした。江戸時代初期になると渡島半島の南部が松前藩の領地になりましたが、稲作の出来ない寒冷な土地のため、アイヌの人々との毛皮や魚介の交易が松前藩の主要な財源であり、和人といわれた領民も江戸時代末期でさえ五万から六万という程度でした。

しかし、明治政府は北海道を開発するため一八六九年に開拓使という官庁を設置します。最初の主要な産業は石炭を中心とする資源開発でした。七九年に幌内で最初の炭鉱が操業を開始しますが、その石炭は石狩川を利用して舟運で小樽港まで運搬し、そこから大型の貨物船で本州に輸送していました。しかし、冬場には河川が凍結して輸送できないため、幌内から小樽まで鉄道が計画されます。

まず一八八〇年に小樽の手宮と札幌の区間に北海道最初の鉄道が開通、さらに八二年に札幌と幌内の区間も開通して官営幌内鉄道が実現しました。この結果、小樽港は特別輸出港に指定されて物流の拠点となり、日本銀行小樽支店をはじめ多数の銀行が集中する北海道の金融中心となります。一九二〇年に実施された最初の国勢調査では札幌以上の人口をもつ都市になるほどでした。

しかし、この発展には重大な問題がありました。日本海に北面する小樽港には強烈な北風が吹付け、船舶が接岸できないどころか入港もできない場合があることです。筆者は札幌から小樽まで鉄路で移動することが時々ありますが、途中の銭函から小樽までは海岸の間際に線路が敷設されており、強風の場合は波浪のために鉄道が運休することがあるほどです。そこで小樽港前面に防波堤の建設計画が構想されます。

大土木技術者・廣井勇

ここで登場するのが廣井勇です。まず簡略に廣井の経歴を紹介します。江戸末期の一八六二年に土佐国佐川村（高知県佐川町）に土佐藩士の長男として誕生します。同年、この佐川村には植物学者として有名になる牧野富太郎も誕生しています。廣井は九歳で父親と死別し、一一歳で上京して叔父の邸宅に書生として寄宿しながら、工部大学校予科に入学して勉強します。

しかし一六歳になった一八七七年に全額官費で勉強できるということで、北海道の札幌農学校に二期生として入学します。教頭のW・クラークが直接教育した一期生には北海道帝国大学初代総長となる佐藤昌介などが在学していましたが、二期生にも国際連盟事務次長になる新渡戸稲造、教育者として著名な内村鑑三など優秀な学生が在学しており、廣井は最年少の学生でした。

クラークの後継の教頭がアメリカ出身の土木技師W・ホイーラーであったことに影響され、廣井は卒業してから幌内鉄道の工事に従事しますが、二二歳になった一八八三年に単身、自費で渡米し、恩師ホイーラーの紹介によって陸軍工兵隊本部の技術者に採用されます。そこではミシシッピ川とミズーリ川という大河の治水工事で現場を経験し、さらに設計事務所で橋梁設計に従事します。

廣井の勤勉と能力を証明するのがアメリカに滞在しているときに刊行した英文の技術書『プレート・ガーター・コンストラクション』です。これはアメリカの大学の教科書にも採用され、何度も再版されるほどの内容ですが、アメリカに滞在四年目の二五歳のときの著作です。新渡戸稲造が英文で『武士道』を出版したのも三八歳のときですが、当時の人々の能力、熱意、勤勉を象徴しています。

帰国した一八八七年に母校の助教授に就任しますが、直後にドイツのカールスルーエ大学とシュツットガルト大学に留学して水利工学などを研究し、二年後に帰国して教授に昇格するとともに、北海道庁技師を兼務します。そこで秋田港や函館港などの防波堤の建設に従事しますが、九三年、三一歳のときに波浪に脆弱な小樽港の問題を解決するため、教授を辞任して小樽築港事務所長に就任します。

小樽築港・北防波堤の完成

この工事の契機は、廣井自身が北海道庁技師として当時の北海道庁長官の北垣国道に直訴した結果でした。その説明を理解した北垣は政府に運動し、一八九三年には内務大臣井上薫が視察、さらに内務省土木技監の古市公威も視察します。このように慎重であったのは、それ以前に政府が建設した仙台郊外の野蒜築港が台風によって崩壊、横浜港の防波堤に亀裂が発生するなどの事故が相次いでいたためです。

しかし、北海道発展の基礎となる港湾の整備は必須であり、一八九六年に一期工事の予算が帝国議会で承認され、廣井は小樽築港の前面の水深一四メートルの海中に延長一三〇〇メートルにもなる防波堤を建設するという大工事に挑戦し能力を発揮します。第一に波浪が防波堤にもたらす圧力を計算する公式を発明しました。これは「広井波圧公式」といわれ、現在でも使用されているほどの発明です。

第二はコンクリートの強度を増強するため、セメントとともに火山灰を混入したことです。当時、セメントが高騰し、費用を軽減する目的もあったのですが、強度は未知でした。そこで強度測定のために試験片を六万個も用意します。それは試験を毎年継続し、一〇〇年後でも試験ができるという用意周到な配慮でした。実際、現在でも四〇〇〇個が保管され、毎年、試験が継続されています。

第三が当時の世界では二カ所程度でしか使用されていなかった工法を採用したことです。一個の重量が二四トンもあるコンクリートブロックを製造し、それを七一度三四分の角度で岸辺から沖合の海中に順次設置していく斜塊ブロック工法です。この工事には巨大なクレーンが必要で、蒸気機関で駆動する重量一五〇トンの高価な装置を外国から購入します。これが廣井に大変な危機をもたらします。

海岸から沖合約三六〇メートルまで堤防の敷設が進行していた一八九九年一二月に

小樽築港・北防波堤

巨大な暴風が襲来しました。大型クレーンが転倒して水没するかという危機でしたが対策はなく、傍観するだけでした。結果として機械が微動しただけで無事でしたが、万一事故となれば、廣井は懐中にしたピストルで一命をもって自己の不明を謝罪するつもりであったと述懐しています。当時の日本人の覚悟を象徴する逸話です。

一九〇八年六月、予算を一万一四四三円下回って一一年間の工事が完成し（図）、竣工の式典が挙行されますが、実際に現場で作業した人々は招待されませんでした。そこで廣井は東京在住の夫人に「ヘソクリスベテオクレ」と電報を打電し、送金された五〇〇円（当時の月給相当）を使用して、式典に先立って工事関係者を慰労したという、人情あふれる廣井の精神を彷彿とさせる逸話もあります。

清々しき晩年

この難関の工事を設計した実績を評価した帝国大学工科大学初代学長古市公威は、自校出身者しか任命しなかった当時の慣例を破り、一八九九年に廣井を東京帝国大学教授に招聘します。ここで多数の俊英を育成しますが、廣井らしい逸話があります。当時、定年のなかった大学で定年導入が検討されました。しかし、廣井は辞職の時期は年齢に関係なく、自分で限界を察知して判断すべきだと反対でした。

ところがある事件で一気に辞職を決断します。実業家から土産に二匹のカメを贈呈された廣井は大学に持参し、構内の三四郎池に放します。ところがカメに見とれて授業に遅刻してしまい、時間に厳格であった廣井は自身の失態に呆然とし、夫人に今後、恩給のみで生活できるかを確認し、即座に辞表を提出しました。一旦は却下されますが、断固たる決意であることが理解され、一九一九年に退官しました。

田邊朔郎

卒業設計で京都を救済した技師

(1861-1944)

優秀な人材を輩出した工部大学校

京都の前身は平安京ですが、ここは第五〇代桓武天皇が七九四年に長岡京から遷都した都市です。七八一年に即位された桓武天皇は政治に関与するほど強力になった平城京の仏教勢力を排斥する目的で七八四年に長岡京に遷都しますが、疫病や災害の続出のため、わずか一〇年後に再度、平安京に遷都します。ここは東側に鴨川、西側に桂川のある水量豊富な盆地でしたが、都市の発展とともに用水が不足するようになります。

そこで登場したのが田邊朔郎です。田邊は一八六一年に、徳川幕府で砲術の教育をしていた高島秋帆門下の砲術家田邊孫次郎の長男として江戸で誕生します。長崎海軍伝習所三期生である叔父の田邊太一の指導により、一四歳になった一八七五年に工学寮付属小学校に入学します。工学寮は明治政府が工学教育のため一八七一年に創設した教育機関で、東京大学工学部の前身になります。

この工学寮には土木、機械、造家、電信、化学、冶金、鉱山、造船の学科が設置され、現在の千代田区霞ケ関三丁目という都心に設置されました。これらの分野には外国から高給で教師を招聘していましたから、校舎は早急に自国の人材を育成したいという政府の期待を表明する壮麗な洋式建物でした。一八七七年に工部大学校に改称されますが、田邊は工学寮から計算すれば第六期生になります。

初代校長は緒方洪庵が大阪に開設した適々齋塾（適塾）で蘭学と西洋医学を習得した大鳥圭介が就任しますが、大鳥は明治政府の工作局長と兼務であり、実際の校長は第一章で紹介したスコットランドから招聘された弱冠二五歳のH・ダイアーでした。教師も大半は外国から招聘された人々で、授業も英語であったため、卒業論文も英語で記述されていました。

地位の低下した京都の復活事業

田邊が入学した時代は、最初二年で基礎、次期二年で専門を学習、最終二年は現実の地域の実地調査をして卒業設計をする制度でした。そこで「東京湾築港計画」を構想して東京府知事に提案しますが採用されなかったため、「琵琶湖疎水工事計画」に変更し、調査のため一八八一年一〇月に京都に出発します。当時は東京と横浜、神戸と膳所の区間しか鉄道は開通しておらず、横浜から膳所までは徒歩の旅行でした。

その時期、京都府庁では琵琶湖から京都に導水するための疎水の構想が検討され、それを掘削する予定の路線の調査が開始されたところでした。そこで実地調査に二ヶ月間従事し、年末に帰京しますが、現地で右手を怪我してしまい、英語の論文と精密な設計図面をすべて左手のみで完成させるという根性を発揮します。当時の若者が新興国家の発展のために並々ならぬ意欲であったことが理解できます。

一八八三年五月に田邊は工部大学校を卒業しますが、その直前に重大な運命が到来します。それを紹介するためには、当時の京都の状況を説明する必要があります。一八六八年九月に江戸は東京と改称、翌月に元号が慶応から明治に改元、さらに翌年に政府が京都から東京に移動します。七九四年の桓武天皇による平安遷都以来、京都は一〇〇〇年余の首都の地位を喪失することになりました。

その結果、公家から商人まで人々は大挙して東京に移動するようになり、三五万人であった京都の人口が半分程度に激減することになります。その回復が歴代知事の重要な仕事となりますが、能力を発揮したのが第三代京都府知事北垣国道でした。北越戦争にも参戦し、高知県令、徳島県令を経由して一八八一年に就任した北垣が知事就任三ヶ月目に調査を命令したのが琵琶湖疏水計画でした。

京都には何本かの河川が存在しますが、流量が豊富ではなく、用水にも舟運にも十分ではありませんでした。そこで琵琶湖から導水し、用水、舟運だけではなく産業振興にも役立てる疏水計画を検討したのです。このような構想は江戸時代から存在しましたが、技術でも資金でも困難で実現しませんでした。そこで北垣は山田顕義、山縣有朋、榎本武揚、松方正義など明治政府の要人を説得し賛意を獲得します。

さらに事業を総括する技師として政府の土木部長を派遣してほしいと依頼しますが、地方の仕事に重要人物の派遣はできないと了解されませんでした。当時、このような巨大事業は外国の技師の指導で実施するのが通例でした。しかし北垣は自国の技師で実現したいと、旧知の工部大学校長大鳥圭介を訪問し相談します。そこで最適の人物として浮上したのが疏水計画を仕上げて卒業目前の田邊でした。

壮大な事業を指揮した田邊朔郎

このようにして田邊は卒業と同時に弱冠二二歳で京都府御用掛に採用され、卒業設計を自身で実施することになります。わずか六年の教育で巨大事業を指揮できる人材を育成できた明治の教育水準はきわめて高度でした。田邊の工費見積は六〇万円でしたが、内務省土木局は一二五万円に修正します。当時の政府の土木事業予算総額が年間一〇〇万円でしたから、疏水計画の壮大さが理解できます。

翌年の一八八五年六月に起工式が挙行され、巨大工事が開始されます。現代のような建設機械はなく、大半が人手に依存する工事は全体が難事でしたが、とりわけ当時としては日本最長の二四三六メートルのトンネル工事は困難でした。工期を短縮するため、両側から掘削すると同時に、中間地点から深度五〇メートルの竪坑を掘削して、底部からも両側に水平に掘削する工法を採用しました。

このような工夫の効果もあり、五年が経過した一八九〇年四月に延長一九・五キロメートルの第一疏水が完成しました。この一期工事で病没なども合計して一七名が殉

蹴上インクライン

職していますが、田邊は工事主任として責任を痛感し、後年、自費で「一身殉事萬戸霑恩（殉職した人々の恩恵を多数の人々が享受している）」という文面の慰霊の石碑を建立しています。田邊の人柄を表明しています。

田邊の功績はこれだけではありません。当初、疎水の流水で水車を駆動し、その動力で繊維産業などを振興する計画でしたが、アメリカで水力発電が開始されたとの情報から、一八八九年にアメリカを視察し、蹴上に水力発電所を建設し、その電力を利用して九一年には小舟を搬送する蹴上インクラインが完成（図）、九五年には日本最初の電気鉄道も京都に開通することになります。

このような巨大工事は順風満帆で実現したわけではありません。福澤諭吉は疎水工事を風景や寺社などを破壊する軽挙と批判していますし、工事資金の不足の一部を京都市民から徴収したため、知事の北垣国道は「今度来た（北）餓鬼（垣）極道（国道）」と非難の貼紙をされたりもしています。しかし、この工事の価値はイギリスから権威あるテルフォード・メダルを授与されたことが証明しています。

工事の終了とともに田邊は東京帝国大学教授に就任しますが、北海道庁長官となった北垣から勧誘されて北海道庁鉄道部長として道内の鉄道計画の建設に尽力します。さらに一九一〇年には京都帝国大学教授、一六年には京都帝国大学工科大学学長に就任し、二年後に五七歳で退官します。以後も各地の鉄道建設計画の指導、関門海底トンネルの提言をするなど活躍し、四四年に八三歳で逝去しました。

八田與一

現在も台湾で崇拝される技師

（1886-1942）

治水こそ国家の要諦

記録のある中国最古の王朝は四〇〇〇年前に成立した「夏」で、その始祖は「禹」とされています。全長五四六〇キロメートルの黄河は現在でも時々氾濫する大河で、中国には「黄河を治むる者は天下を治む」という言葉があり、黄河の治水は歴代王朝の重要な国家事業でした。禹は父親が失敗した黄河の治水を成功させ、現在でも「治水神」として尊敬される名君で、日本にも全国各地に禹を顕彰する石碑があるほどです。

日本には全国に二〇万以上の溜池が存在し、香川には全国の七%の溜池が集中しています。そのなかでも周囲が二〇キロメートルにもなる日本最大の溜池が「満濃池」で、八世紀初期に構築されたものです。全国には空海が発見したという伝説のある温泉が三〇以上存在しますが、この溜池は実際に空海が八二一年に指揮して改修したとされています。日本でも降雨が少量で有名な香川で農業が維持されているのは多数の溜池の恩恵です。

産業振興に必要な水利事業

台湾は一八九五年に清国が日清戦争で敗戦して日本に割譲され、一九四五年に太平洋戦争で日本が敗戦するまでの五〇年間は日本が統治していました。初期には日本の支配に反対する抗日武装運動などが発生しますが、日本は台湾総督府を設置し、樺山資紀、桂太郎、乃木希典、児玉源太郎、明石元二郎など大物の軍人を総督とし、社会基盤の整備や産業振興を推進し統治していきます。

社会基盤としては台湾を南北に縦断する鉄道や林業振興のための森林鉄道の建設、道路や港湾の整備などを推進しますが、そのような土木事業だけではなく、日本と同様の初等中等教育や職業教育という社会制度も導入していきます。この教育の推進には、日本に西洋音楽を導入することに貢献し、東京音楽学校（東京芸術大学音楽学部）の初代校長の経験もある伊澤修二が初代学務部長として任命されています。

産業振興としては温暖な気候を利用してサトウキビを原料とする糖業を育成し、日本の財閥も製糖工場などを設立しますが、サトウキビの栽培や食料としての稲作のためには水利事業が必要でした。その工事をするための技師として赴任したのが八田與一です。八田は一八八六年、石川県河北郡花園村（金沢市今町）に誕生しました。地元の第四高等学校を経由して一九一〇年に東京帝国大学工学部土木科を卒業します。

八田が構想した巨大計画

卒業とともに八田は台湾総督府内務局土木部に技手として就職します。当時の台湾は衛生状態が劣悪であったため、当初は八田も上下水道の整備などを担当します。しかし、二八歳となった一九一四年に桃園大圳の水利工事を担当し、技師としての評価を獲得します。そして三二歳となった一七年から生涯をかけた巨大事業となる嘉南平野の灌漑事業への挑戦を開始します。

台湾の面積は三万六〇〇〇平方キロメートルで九州と同等ですが、その南西に嘉南平野といわれる面積四五〇〇平方キロメートルの広大な平原があります。しかし日照時間が十分ではなく、かつ土壌が塩分を含有しているという土地でした。しかも雨量が年間二〇〇〇ミリメートル程度はあるものの、雨期と乾期の雨量が大差で、乾期には川底まで干上がってしまい、農業には不適な地域でした。

八田は現地を詳細に調査し、嘉南平野に安定した水利がもたらされれば、台湾の穀倉地帯として発展することができると構想し、「嘉南平野開発計画」を策定します。その内容は嘉南平野の中心都市台南の北部の渓谷にダムを建造し、そこから平野全体に水路を縦横に整備すれば可能だという内容でした。この事業の費用は当時の台湾総督府の年間予算総額の三割に相当する四二〇〇万円という巨大事業でした。

この計画は地域の農民が熱烈に支援し、経費も労力も可能なかぎり提供するという嘆願を何度も台湾総督府に提出します。日本国内では一九一八年の米騒動が発生した大変な時期でしたが、この熱烈な要望が後押しし、一二〇〇万円は台湾総督府が援助し、三〇〇〇万円は地域の農民などが負担するということで工事を開始することにします。この時期の四二〇〇万円は現在価格に換算すると約三四〇億円という巨額です。

石碑に凝縮する八田の精神

八田は一九一七年から三年かけて綿密な現地調査を実施し、三四歳になった二〇年から烏山頭貯水池を実現するダムの建設を開始しますが、翌年、アメリカに出張し、当時の最新の技術を吸収して帰国し、所長として現地に居住して工事の指揮をとります。工事現場には、土砂を運搬するために何本もの蒸気鉄道が敷設され、八田がアメリカで購入してきた最新の大型土木機械が投入されました。

現在では、どの工事現場でも見掛ける土木機械ですが、当時は使用経験がないため、アメリカの技師が操作し、東洋の人間を見下した態度で、使用方法を教育することはありませんでした。しかし八田は現場の人々を叱咤激励して学習させ、次第に操作ができるようになります。アメリカの技師の態度とは反対に、八田は夕方になると工事関係の人々の住居を訪問して雑談するだけではなく、花札などの博打にも付合っていました。

そのような八田の態度を反映するように、現地には学校や病院だけではなく娯楽施設や運動施設も建設され、芝居や映画も上演するなど、家族全員で生活できるよう配慮していました。八田は三一歳になった一九一七年に故郷の金沢の開業医米村吉太郎の長女である外代樹と結婚し、長女、長男、次女も誕生しましたが、家族で現地に生活しました。それほど現場で作業する人々を気遣っていた八田に災難が襲来します。

一九二二年一二月、先行して工事が進行していた烏山嶺隧道の工事現場で地中からガスが噴出し、灯油ランタンの灯火が引火してトンネル内部で爆発事故が発生したのです。その結果、五〇余名が死亡するという惨事になってしまいました。工事を継続するかどうかまで議論される事態でしたが、八田は陣頭指揮で事故処理に奔走し、その表裏ない人柄が信頼されていたため、現地の人々の継続への熱望で工事は進行していきました。

工事が完成間近になった一九三〇年三月、工事の期間に殉職した一三四名の現場の人々や家族を慰霊する石碑が建立されました。そこでは役職による差別や日本人や台湾人の区別もなく逝去の順番に名前が記載され、八田の人柄を表明しています。さらに石碑には八田の文章も刻字されていますが、最後の部分に「諸子の名も亦不朽なるへし」との文言があります。すべての人々を敬愛していた八田の精神が凝縮している言葉です。

現在も崇拝される技師

工事の開始から三年が経過した一九二三年九月一日、首都東京に巨大地震が襲来し、死者・行方不明が一〇万余とされる災害が発生しました。その支援のため台湾総督府の年間予算の三割を復興支援とすることになり、ダム工事を縮小し、現場の人々の半数を解雇せざるをえない事態になります。ここでも八田は解雇する人々の再就職先を手当てするために奔走し、工事再開のときには優先して再度雇用するという約束までしています。

これら何度もの危機を克服しながらの一〇年間の工事により、一九三〇年四月に八田ダムという通称もある烏山頭ダムが完成しました。これは六年後にアメリカのコロラド渓谷にフーバーダムが完成するまで世界最大のダムで、アメリカの土木学会から工法についての論文の執筆を要請されるほどの偉業でした。ダムによって一三〇〇ヘクタールの水面をもつ烏山頭貯水池が実現しましたが、これは阿寒湖や諏訪湖に匹敵する面積です。

ダムの竣工から約四〇日で湛水が終了し、一〇〇万人近い農民が耕作する一八〇〇平方キロメートルの農地に全長一万六〇〇〇キロメートルの水路を経由して農業用水が到達します。その水利により従来とは相違する耕作が必要でしたが、それを現地で指導したのは東京農業大学を卒業し、一九二七年から台湾の製糖会社に就業していた技師中島力男でした。その指導の効果によって稲作は以前の六倍、甘藷は二倍になります。

巨大事業を完成させた八田は台北で技師を教育する土木測量技術員養成所という民間学校を設立して人材の養成に尽力しますが、太平洋戦争の勃発とともに一旦、単身で日本に帰国し、陸軍の命令でフィリッピンの綿作灌漑調査のため三人の部下とともに広島市宇品港から「大洋丸」に乗船して出発します。しかし、五島列島付近でアメリカの潜水艦の魚雷攻撃により撃沈、一九四二年五月八日、五六歳の人生を終了します。

さらなる悲劇が発生します。子供とともにダムの工事現場の職員宿舎に疎開していた外与樹夫人が、日本の敗戦から二週間後に次男が復員した翌日の四五年九月一日、子供たちに遺書を残し、黒服と白足袋の正装で湖水に投身されました。四五歳でした。

工事が完成した翌年の三一年に八田の銅像は湖畔に設置されていましたが、さらに夫人の逝去の四六年には、地域の人々により日本形式の夫妻の墓石が建立されています。

工事完成直後、銅像の建立を八田が固辞したために立像ではなく、八田の故郷加賀の彫刻家都賀田勇馬が製作した湖畔で思索する様子を表現した座像が設置されました。戦中には国家総動員法により金属回収令が施行され、戦後、中華民国になってからは、日本の遺物は破壊されましたが、地域の有志が銅像を隠匿して保存し、一九八一年元

八田與一銅像

旦に以前の場所に設置されました。さらに墓石には日本の黒御影石が使用されていま す（図）。

いかに八田が尊敬され、業績が評価されているかを証明すると同時に、台湾の人々の報恩の精神に感動します。台湾の中学校の教科書には八田の業績が紹介され、二〇〇八年に八田の命日の慰霊祭に参加した馬英九総統はダム建設当時の宿舎を復元して「八田與一記念公園」を建設すると宣言、二〇一一年の命日に完成し、夫人の銅像も建立されました。現在も命日には日台双方の参加により、墓前で法要の式典が開催されています。

人生の最後に大作を開花させた

伊能忠敬

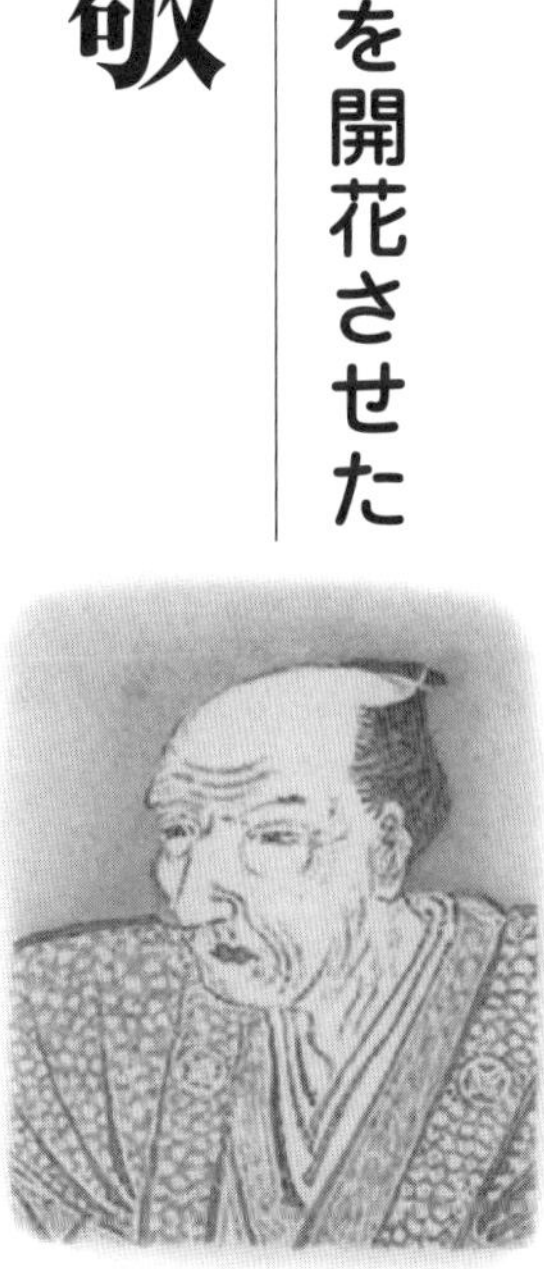

(1745-1818)

シンボルを操作する動物

学生時代にドイツ人哲学者E・カッシーラの『人間・シンボルを操作するもの』（一九四四）という書物を読破しました。題名からも推測できますが、カッシーラは人間を「アニマル・シンボリクム（象徴を操作する動物）」と定義し、「人間は音声や形状を、意味を表現する象徴として理解する能力をもち、言語・神話・芸術・宗教など象徴の世界をつくる動物である」と説明しています。

その一例として、複雑に蛇行する河川の流域に生活している先住民族は何処に急流があり、何処に浅瀬があるか個々の場所の特徴は正確に記憶しているが、湾曲する河川の二点が隣接しているという全体構造は把握していないという記述がありました。先住民族と砂漠を旅行し、大河をカヌーで移動した筆者の経験からすれば、先住民族には失礼な表現ですが、当時は納得する内容でした。

複雑な音楽を楽譜という記号で表現すること、一旦停止や速度制限など道路を通行するときの約束を交通標識という記号で表現することなど、人間の社会にはシンボルが氾濫していますが、それらのなかでも最高の傑作が地図です。友人に自宅の場所を案内する手書きの簡単な地図から、複雑な地形の標高も表現する精細な地図まで、目的に対応して抽象の程度を選択した多種多様な地図を使用して人間は生活しています。

国家機密であった地図

現在では大半の国々の詳細な地図を入手することは可能ですし、人工衛星から撮影した写真も一部の地域を例外として自由に閲覧できる時代ですが、かつて地図は国家の機密情報でした。それを象徴する事件が江戸時代後期の一八二八年に日本で発生しています。日本に滞在していたドイツ人医師P・F・フォン・シーボルトが帰国するとき、禁制の日本地図を幕府の許可なく不正に持出そうとして発覚したシーボルト事件です。

これがいかに重大な犯罪であったかは、その厳格な処罰が証明しています。シーボルトは長崎の出島に軟禁されて尋問され、翌年には国外追放になりました。シーボルトに地図を手渡した幕府の役人の高橋景保以下一〇数名は処分され、景保は獄死、その子供たちも遠島になるほどの処罰でした。当時は地図がいかに極秘情報であったかを想像させる事件ですが、この日本地図を製作したのが伊能忠敬です。

隠居してから開始した暦学研究

伊能忠敬は一七四五年の上総国小関村（千葉県九十九里町小関）の名主である小関五郎左衛門家に末子として誕生しました。幼少時代の詳細は不明な部分がありますが、一七歳になった六二年、下総国佐原村の伊能三郎右衛門家の長女ミチと結婚して婿入りし、名前を忠敬とします。当時の佐原は利根水運の中継場所として繁栄しており、水運、醸造、貸金を家業としていた伊能家（図）は、もう一軒の永沢家とともに地元の名家でした。

伊能は村内の活動で次第に能力を発揮し、三六歳で名主、三九歳で名主を監視する村方後見に就任、名字帯刀も許可され、稼業も順調に拡大して資産も増加してきました。そこで成人した長男に家督を譲渡して隠居となることを希望しますが、なかなか地頭から許可されませんでした。ようやく一七九四年、四九歳のときに許可されて隠居します。当時の平均寿命は四五歳ほどと推定されていますから、隠居する年齢としては

伊能忠敬旧宅（千葉県香取市）

普通でした。

そこで以前から関心があった暦学の勉強のため、五〇歳になった翌年、江戸の深川に転居し、幕府の研究機関である天文方の学者高橋至時の弟子になります。当時すでにT・ブラーエやJ・ケプラーの理論を紹介する和書も入手可能であったため、それらを勉強し、財産があったためと推察されますが、象限儀、子午儀などの高価な天体観測の機器を購入して自宅で日食、月食なども観測し、着々と技術と知識を蓄積していました。

そのような時期に、日本列島周辺に異変が発生しはじめました。欧米諸国が領土拡大を目指してアジアに進出してきたのです。

北方の蝦夷地には一八世紀中頃からロシアなど欧米の国々の船舶が出没し、幕府も内密に調査をしていましたが、一七九二年九月にロシアの特使A・ラクスマンが、漂流して帝国に保護されていた大黒屋光太夫たちを乗船させて根室に入港して通商を要求するという事件が発生しました。

すでに幕府は老中田沼意次の時期から本多利明や最上徳内に北方調査をさせていましたが、ラクスマンの到来とともに近藤重蔵や間宮林蔵などにも調査をさせるとともに、松前藩の領土としていた蝦夷地の大半を幕府の直轄地として国土防衛の準備をします。間宮は樺太を北上して大陸に渡航、アムール川下流域を調査して樺太が陸続きではないことを発見し、その海峡は間宮海峡と名付けられている人物です。

蝦夷の測量を開始

伊能が測量の勉強を開始したのは、このような時代が転換しはじめた時期でした。その勉強の期間に、地球の半径を計算するのに必要な、地球表面の南北方向の距離である子午線弧を測定することに関心をもち、深川と至時のいる暦方のある浅草との距離を毎日熱心に歩測で測定しますが、その程度の距離では地球の半径を正確に計算するのには不足で、江戸と蝦夷地の距離程度を測定することが必要であると指摘されます。

そのような背景から、至時は伊能を担当として蝦夷地の正確な地図を作成することを構想して幕府に申請します。当初は伊能が高齢であるという理由で許可されませんでしたが、測量技術や財力、また故郷の名主としての統率力が評価され、一八〇〇年六月六日に許可されました。当初は測量器具を蝦夷地まで海路で運搬する計画でしたが、それでは子午線孤の距離が測定できないため、陸路に変更を依願し許可されました。

許可からわずか五日後の六月一一日に深川の自宅から五五歳の伊能、実子の秀蔵などの弟子三名、下男二名の合計六名は江戸を出発します。途中で距離を測定しながら七月一日に津軽半島先端の三厩に到着しますが、天候不順で対岸の松前への公船が九日間も出航しませんでした。そこで旅館の船頭が輸送してくれることになったのですが、強風のために松前には到着できず、一〇キロメートルほど北側に上陸し、徒歩で箱館に到達します。

ここで役所への届出などの事務処理をしますが、下男の一人が病気で脱落、一行五人は七月二〇日に出発しました。経路は現在の地名で表現すると、虻田、白老、様似、襟裳、広尾、釧路、厚岸を経由して西別に到着します。道路も整備されていないので各地で海岸を走破し、山越えをし、一部は小舟で海上を移動する苦難の旅路でした。測量も当初は間縄を使用していましたが、時間がかかりすぎるため、歩測に変更しています。

鮭漁の最中の時期で、それ以遠の根室まで輸送してくれる小舟を調達できず、仕方なく西別から測量をしながら引返し、一一月四日に蝦夷を出発して一二月七日に江戸の入口である千住に帰還しました。一八〇日の測量旅行でした。この伊能の測量について、幕府は日当として二二両二分を支払っていますが、伊能が持参した一〇〇両はほぼ全額使用していましたから、現代の価格で約八〇〇万円を個人負担したことになります。

次々と日本全国を測量

伊能は蝦夷の南側だけを測量したのですが、その成果は幕府で評価され、測量できなかった部分だけではなく、国後から択捉まで測量する計画が浮上します。しかし、幕府と伊能の思惑が一致せず、結果として伊豆半島から江戸を経由して北上し、東北地方の東側の海岸を測量することになります。この測量は一八〇一年五月から開始され年末に完了、これまでの測量結果とともに、大図、中図、小図の三種の地図が作成されています。

これで終了ではなく、伊能は一八〇二年の東北地方日本海側（三次）から開始し、以後、東海北陸地方（四次）、近畿中国地方（五次）、四国（六次）、九州（七次／八次）、伊豆諸島（九次）、一五年の江戸府内（十次）まで毎年のように測量を繰返し、日本全土を制覇しました。最後の測量の時期には七二歳になっており、測量機器も移動手段、通信手段も十分ではない時代に、晩年の一五年間を費消した一大事業を達成したのです。

しかし、これで仕事が完了したわけではなく、直後から地図の作成を開始します。その最中、樺太探検に功績のあった間宮林蔵が伊能の測量できなかった蝦夷地の北側を測量した情報を持参し、すべての情報が用意されました。しかし翌年から喘息の発作が頻繁になり、一八一八年五月一七日に七四歳で逝去します。その事実は公表されず、高橋至時の長男景保が指揮して二一年に「大日本沿海輿地全図」が完成したときに公表されました。

国家機密であった日本地図でしたが、シーボルトは押収された地図以外に複製を作成して所持し、国外追放になったときに持出したため、その複製が欧米各地で発見されています。しかし、幕府が保管していた原本は明治初期の皇居炎上で焼失し、伊能家に保管されていた複製も関東大震災で焼失してしまいましたが、海外の図書館蔵や個人所有の複製が発見され、現在に伝承される結果になりました。

歩測や間縄で測量した地図ですが、大変に正確であったことを証明する逸話があります。一八六一年にイギリスの測量艦隊が日本沿海を測量しますが、同乗した幕府の役人が所持していた伊能小図と自分たちの測量結果を比較したところ、きわめて正確であることが判明し、測量を中止したということです。人生四五年の時代に晩年の三〇年間を投入して偉業を達成した伊能の人生は現代の高齢社会の見事な手本です。

高田屋嘉兵衛

江戸時代に日露紛争を解決した商人

(1769-1827)

北方から襲来するロシアの脅威

ユーラシア大陸の東端に位置する島国日本は、古来、海外との交流が活発でした。六〇〇年に最初の派遣以来、遣隋使は五回、六三〇年からは約二六〇年間に二〇回近く遣唐使を派遣しています。大陸の先進文化を導入することが目的でした。一六世紀になると、航海技術の進歩により、スペインやポルトガルからキリスト教宣教師が到来しはじめ、その影響で日本からは天正遣欧使節や慶長遣欧使節が派遣されます。

織田信長は布教を容認し、その政策を豊臣秀吉も継承しますが、小西行長や高山右近などキリシタン大名による反乱の危惧、キリスト教徒による神道や仏教の迫害、キリスト教宣教師による日本の農民の奴隷売買などが発生し、秀吉は一五八七年に「バテレン追放令」を発令、さらに徳川幕府は一六三三年の「第一次鎖国令」から三九年の「第五次鎖国令」まで次々と発令し、日本は約二三〇年間の鎖国状態になります。

その時代にも長崎の出島ではオランダなどとの交流を維持し、西洋の情報や文物を入手していましたが、その程度では国際情勢は十分に把握できず、西欧諸国の日本接近に気付くのに出遅れました。最初に接近してきたのが東方進出を目指すロシアでした。まず一七世紀に清国との国境を確定すると、カムチャッカ半島のペトロパブロフスクを拠点にロシア船舶が日本周辺に出没するようになります。

千島列島にはアイヌの人々が生活していましたが、一八世紀になるとロシアの移民が到来しはじめます。そこで松前藩は一七五九年に交易拠点の国後場所を設定、管理を強化します。しかし九二年にはロシアのA・ラクスマンが遣日使節として根室に到来し通商を要求、一八〇四年にはN・レザノフが長崎に来航、〇六年にはN・フヴォストフが択捉島で略奪や放火をしたため、幕府は「ロシア船打払令」を発令します。

そのような状況で一八一一年に発生したのが「ゴロウニン事件」でした。千島列島周辺を測量していたロシアの軍艦ディアナが国後島の泊湾に入港したところ、厳戒態勢にあった国後陣屋の役人に艦長のV・M・ゴロウニンらが逮捕され、松前に移送されて入牢となったのです。尋問した松前奉行は釈放を幕府に上申しますが却下されたため、ゴロウニン以下数名は脱走しますが発見され、再度、松前で獄中生活をすることになります。

国後・択捉に進出した商人

この国際問題の解決に尽力したのが高田屋嘉兵衛です。嘉兵衛は一七六九年に淡路島西海岸の都志に農家の六人兄弟の長男として誕生します。子供時代から地元で漁業に従事したり商売を手伝ったりしていましたが、二二歳になった一七九〇年に対岸の兵庫で叔父が経営する堺屋に奉公します。堺屋は兵庫と日本海側の因幡や伯耆とを往来する廻船問屋でした。

すでに海上の経験があったため船乗りとして順調に出世しますが、一七九二年に退職し、二年ほど熊野で鰹漁に従事して資金を蓄積、九五年に兵庫の和泉屋伊兵衛のもとで船頭に復帰します。そして二八歳になった翌年、貯蓄していた資金と支援などにより、一五〇〇石積（約二三〇トン）の当時としては大型船「辰悦丸」を入手しました。これは新造船と中古船の両説がありますが、帆船を入手して独立したのです。

嘉兵衛は兵庫で清酒、木綿などの商品を仕入れて瀬戸内海から関門海峡を通過して出羽の酒田で販売、酒田でコメを購入して箱館へ輸送して販売、そこでは魚類、昆布、魚肥などを仕入れて上方へ回航して販売するという無駄のない商売を開拓します。その拠点として、九八年に箱館に支店を開設し弟の金兵衛に管理させます。当時、蝦夷地との交易の拠点は松前、江差、箱館の三港でしたが、あえて他港より未開の箱館を選択したのです。

その選択は見事に的中し、翌年の一七九九年に江戸幕府は北方開発のために太平洋岸の東蝦夷地を直轄とします。その政策を幕府に提言し松前蝦夷地御用取扱に任命されていたのが幕臣の近藤重蔵でした。近藤は蝦夷地を四度訪問し、最上徳内とともに千島列島や択捉島を探検した人物です。嘉兵衛は東蝦夷地の厚岸に滞在していた時期に近藤と出会い、その依頼で国後島と択捉島の区間の航路の開拓を依頼されます。

この両島の中間にある国後水道の距離は二五キロメートル程度ですが、三方から潮流が衝突する航海の難所でした。嘉兵衛は高台から潮流を観察、無人の小舟を漂流させて流速を測定し、横断可能な航路を発見し、九九年夏に七五石積という小型の「宜温丸」で見事に渡航に成功します。そこで嘉兵衛は食料や鍋釜を満載した帆船で択捉島に渡航し、アイヌの人々に最新の漁法を伝授し一七個所の漁場を開拓します。

このような背景から、幕府は漁業資源の宝庫である択捉島の本格開拓のため官船五

高田屋嘉兵衛像

艘の建造を嘉兵衛に委託します。大坂で建造した船舶を一八〇一年に箱館に回航、千島列島一帯で運行します。それらの功績により嘉兵衛は幕府から「蝦夷地定雇船頭」に任命されるとともに名字帯刀も許可されます。翌年には自分の持船四艘も択捉航路に投入、〇六年には大坂町奉行から「蝦夷地産物売捌方」に任命され、北方地域の中心人物になります。

函館を発展させた高田屋

一八〇〇年に嘉兵衛は兵庫に「諸国物産運漕高田屋嘉兵衛」の看板で本店を開設しますが、箱館の支店を管理していた弟の金兵衛が幕府から海沿いの約五万坪の湿地（函館市宝来町）の埋立を許可され、そこに屋敷を建設して本店を箱館に移転します。そこで嘉兵衛は箱館を発展させるために〇四年に船作事場を開設します。それまでは造船や修繕は対岸の津軽や南部でしかできませんでしたので一気に便利になりました。

嘉兵衛は商売以外にも地域に多大の貢献をします。箱館奉行が立案した開墾計画に呼応して故郷から農民を入植させて農作や植林を推進し、淡路から稚貝を運搬して箱館湾内で養殖も実施します。この地域貢献精神が最大に発揮されたのが一八〇六年秋の大火の直後でした。自身の本店も焼滅したのですが、類焼した町民に金銭、食料、衣類を提供し、さらに長屋を建設して入居させ、日用雑貨を大坂から輸送して原価で放出したのです。

ゴロウニン事件の解決に活躍

この順風満帆の嘉兵衛に突然の災難が襲来します。一八一二年九月に択捉漁場から箱館への帰路、乗船していた「観世丸」が国後島沖でロシアの軍艦ディアナに拿捕されたのです。松前で幽囚されているディアナの艦長ゴロウニンの状況の詳細を入手するため、副官であったP・I・リコルドが待伏せしていたのです。豪胆な嘉兵衛はリコルドにカムチャッカに同行すると伝達し、数人の乗員とともに連行されます。

連行されたペトロパブロフスクではリコルドと同居しますが、同行の五人のうち三人が病死し、豪胆な嘉兵衛も次第に不安になり、リコルドと解決の方策を相談します。幕府は一八〇六年のフヴォストフの蛮行に立腹しているが、それはロシア皇帝の命令によるものではないことを証明すれば、ゴロウニンは釈放されるというのが嘉兵衛の見解でした。そこでリコルドが謝罪文書を作成し、一三年五月に国後島に出航します。

嘉兵衛は上陸して国後陣屋で経緯を説明、リコルドの作成した文書を手渡しますが、嘉兵衛を逮捕した当人の文書であるという理由で幕府は受領せず、リコルド以外の政府高官の文書を要求します。そこでリコルドはカムチャッカへ回航して政府高官の文書を入手し、九月に室蘭経由で箱館に再来しました。嘉兵衛が両国の会談を段取りした結果、松前奉行はリコルドの持参した書簡を受領、ゴロウニンは釈放されて事件は終結しました。

嘉兵衛は国際紛争の解決に最大の貢献をしましたが、監視のためしばらくは軟禁状態になりました。翌年三月に無罪となり、事件解決の功績により幕府から五両の褒賞が下賜され、一件落着となります。しかし、日本の鎖国時代のため正式の国交関係も存在しない両国に発生した問題を解決するため、何ヶ月間も寒冷なカムチャッカ半島の仮設の宿舎で一緒に生活したリコルドとは友情が誕生します。

リコルドは手記に「事件の解決に貢献したのは教養と度量のある高田屋嘉兵衛であり、その仲介により日本の高官との交渉が実現した。明晰な頭脳により、反対の観念をもつ二国の国民に共通の合意をもたらした」記載しています。高田屋嘉兵衛生誕二三〇年の一九九九年にはゴロウニンとリコルドの子孫が日本を訪問して高田屋嘉兵衛の子孫に再会し、それを記念して函館市内に「日露友好の碑」が建立されました。

江戸時代を代表する偉人

嘉兵衛の貴重な経験には幕府も重大な関心があり、兵庫に一時帰還したときに大坂町奉行所が事件の経緯を尋問しています。しかし、体調が不調になり、五〇歳になった一八年に淡路に帰郷、一旦は大坂野田に構築した別荘で生活しますが、二四年には淡路に隠居します。それでも社会貢献の精神は活発で、築港や灌漑用水工事などに多額の寄付をしています。しかし五九歳になった二七年に病気により故郷で波乱の人生を終了しました。

一八二一年に高田屋は松前藩の御用商人になり、事業を継承した弟の金兵衛は二四年に本店を兵庫から箱館に移転し事業を発展させていました。しかし、三三年になって幕府からロシアとの密貿易について尋問され、これは無罪になったものの、ロシアの軍船が高田屋の商船を襲撃しないため、相互に小旗を船上に掲載する「旗合わせ」をしていた嫌疑により函館から所払いとなり、高田屋は没落していきました。

しかし、高田屋の活動により箱館は一八五九年の日米修好条約により、横浜、長崎とともに開港され、現在の発展の基礎が形成されました。『菜の花の沖』で嘉兵衛の生涯を紹介した司馬遼太郎は淡路島洲本市での講演で「英知と良心と勇気を尺度とすれば、江戸時代で最大の偉人は高田屋嘉兵衛であろう（要旨）」と絶賛しています。郷里での講演として割引いても、幕末の日本に国際社会との窓口を提供した一人であることは確実です。

北方の土地と人々を熱愛した旅人

松浦武四郎

(1818-1888)

蝦夷地に切迫する危機

北海道のニセコ一帯は雪質が極上のため、国内だけではなく海外からもスキーをするために多数の人々が到来する人気の場所です。そのなかでも比羅夫は数多くのホテルが林立する地域の中心です。北海道の地名はアイヌの人々の呼称を踏襲した名前が大半ですが、「日本書紀」によれば、この比羅夫は飛鳥時代の将軍安倍比羅夫が六五八年に蝦夷征服のため日本海側から大群で到来したときの拠点を根拠とする名称です。

これは伝説にすぎないという意見もありますが、それ以後、大和朝廷の蝦夷地への関心は希薄になり、室町時代になって松前藩が現在の松前町を拠点として支配するまで、アイヌの人々が生活しているだけでした。寒冷な土地のため米作ができず、松前藩の支配も渡島半島一帯だけで、アイヌの人々と魚介や毛皮の交易をして経済を維持していました。徳川幕府も関心をもたない日本列島の空白地帯となっていたのです。

しかし一八世紀になると、蝦夷地を放置しておけない事情が発生します。欧米諸国が未開の土地を自国の領土にするため、日本列島周辺にも軍艦や商船が出没するようになったのです。とりわけ蝦夷地周辺にはロシアの軍艦が出没し、ときには上陸する事件も発生します。そこで徳川幕府は蝦夷地を松前藩領から直轄の天領に変更し、国家として防衛する体制をとります。一気に緊張した時代になったのです。

西方から北方に転換した関心

そのような時期に蝦夷地に関心をもったのが松浦武四郎です。松浦は一八一八年に伊勢国須川村（三重県松阪市）の郷士松浦圭介の四男として誕生します。一三歳のとき儒学者平松楽斉の私塾に入門しますが、一六歳のとき師匠から叱責されることがあり、一人で勉強のため江戸に旅立ちます。しかし数ヶ月後に心配した父親に呼戻され、一旦は帰郷しますが、諸国を歴訪したいという欲求を阻止できず、翌年には西方に出発します。

京都、大坂から紀州、大和、能登、飛騨などを経由し、四国、中国を巡回して九州に到達し、一〇年間の漂泊生活をします。以後も生涯の旅人と表現できるほど旅行をしますが、それは生誕の場所に関係があります。生家は現在も伊勢街道の沿道に保存されていますが、そこは神宮参詣の人々が通過する通路でした。とりわけ一三歳の一八三〇年に「文政のお蔭参り」が発生し、全国から約四三〇万人が参詣しています。眼前を次々と通過する旅人を観察しながら、子供の時期から名所図会や地誌の読書に熱中していたといわれ、その影響で諸国漫遊に出掛けたのですが、西方に旅行したのは、九州から朝鮮半島に渡航し、支那を経由して天竺（インド）を目指していたからといわれます。ところが長崎に滞在していた二六歳のとき、津川文作という老人から、蝦夷地に危機が切迫しているという情報を入手し、一気に関心が北方に転換します。

その時期に郷里から一通の手紙が到着し、すでに父親も母親も他界していることが判明、急遽帰郷します。そして父親の七回忌と母親の三回忌の法要を執行して気持の区切りをつけ、二七歳になった一八四五年、北方に旅立ちます。諸国の見聞に熱心な松浦は北方へ直行せず、大坂から北陸を経由して鶴岡、酒田、秋田など各地に立寄ってから、津軽半島の付根にある鰺ヶ沢に到着し、蝦夷地の玄関である松前へ船出しようとします。

しかし、渡航は容易ではありませんでした。徳川幕府の鎖国政策を批判した渡辺華山や高野長英などが投獄された蛮社の獄事件が一八三九年に発生しますが、投獄されていた高野長英が四四年に牢屋の火災を好機として脱獄したため、各地で厳格な検問があり、渡航は容易ではなくなったのです。そこで津軽半島や下北半島を旅行し、翌年は仙台を経由して江戸へ一旦舞戻り、諸々の準備をして、四月に再度、鯵ヶ沢に到着します。

自前で三度の探険を遂行

ついに一八四五年四月に商人に扮装して江差へ回航する小舟で念願の蝦夷地に到達することに成功します。このときの旅行は一八五〇年に『初航蝦夷日誌』として発表されますが、江差から徒歩で箱館、室蘭、白老、浦河、襟裳、白糠、根室と移動し、根室からは小舟で標津、羅臼、そして知床半島の先端まで到達しています。その先端には「勢州一志郡雲出　松浦武四郎」と墨書した標柱を建立したと記録しています。

松浦は身長一五〇センチメートルほどの短躯ですが、大変な健脚の持主で、記録を信用すれば、一日に四〇キロメートル以上を移動している場合もあります。もう一点の特徴は旅行での見聞を詳細に記録していることで、生涯に二〇〇篇以上の旅行日誌

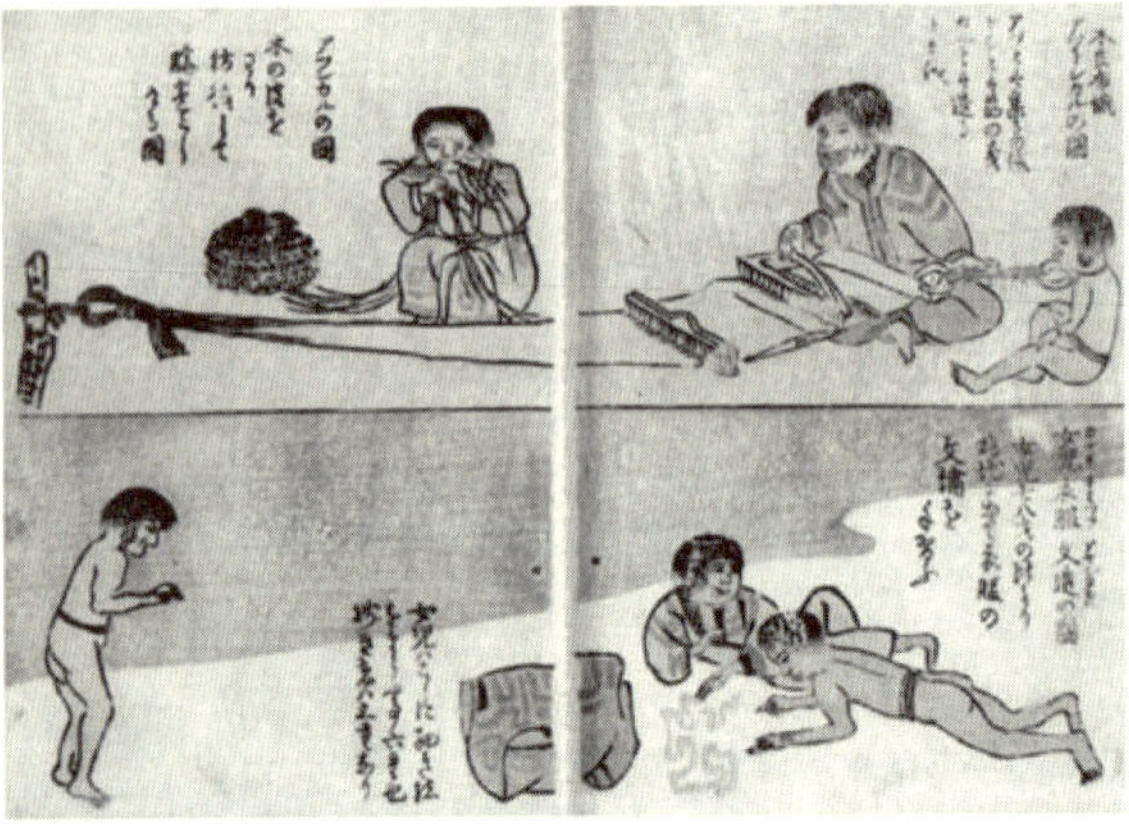

蝦夷漫画

を刊行しています。それらは文字とともに風景や地図でも記録しており、明治時代になり開拓が進展する以前の蝦夷地の貴重な資料となっています（図）。

最初の探査を終了した松浦は帰路には水戸に立寄ってから江戸に帰還します。水戸藩第二代藩主徳川光圀（水戸黄門）は国防の観点から北方に関心をもち、すでに一八世紀後半に大型船「快風丸」を建造して蝦夷地の探査までしていました。その影響で、松浦が水戸を訪問した時期の第九代藩主徳川斉昭（水戸烈公）も蝦夷地開拓計画を構想するほど熱心であったため、水戸藩関係者に最新の情報を提供するために立寄ったと想像されます。

蝦夷地に魅了された松浦は一度の探査で満足できるわけはなく、翌年の一八四六年に江戸を出発し、再度、鰺ヶ沢から松前に渡航、今度は松前藩の医師が樺太に赴任する一隊に従者として同行します。一行は日本海側を海路で北上して宗谷に到達、そこから樺太に渡航します。一行が宗谷に帰還してから、松浦はアイヌの人々の案内によりオホーツク沿岸を一人で旅行して知床に到達し、前回を加算すると蝦夷地一周を達成します。

さらに一八四九年には江戸の豪商の帆船に便乗、国後と択捉の両島に渡航し、ついに北方のすべてを旅行した蝦夷についての第一人者になります。しかし、正義の感覚をもつ松浦は、探険の過程で目撃した役人の頽廃や風俗の紊乱、さらにはアイヌの人々への不当な処遇などを摘発したため、蝦夷地を所管する松前藩が刺客を派遣するなど身辺の危機が切迫し、以後五年間は江戸の水戸屋敷に蟄居するような事態になりました。

北海道の基礎を確立した偉人

しかし一八五五年に転機が到来します。五三年にペリー艦隊が浦賀に来航したことに切迫した危機を感知した徳川幕府は、一旦は松前藩に返却していた蝦夷地を直轄に変更し箱館奉行を配置します。その奉行となった向山源太夫が松浦の知己であったため、箱館奉行の一員として蝦夷御用御雇に就任します。これまで個人の隠密行動としての探査が公的な活動になったのです。失意の五年から一気に反転しました。

赤煉瓦造の北海道庁旧本庁舎の内部に北海道立文書館がありますが、その入口に巨大な北海道地図が掲示されています。これが松浦の作成した「東西蝦夷山川地理取調図」です。全体の外形は伊能忠敬が制作した日本地図を借用していますが、内部には河川や山脈が記載され、地名が仮名で克明に記入されています。これは一八五六年から三年間、アイヌの人々の案内で沿岸だけではなく、内陸も克明に調査した結果です。

アイヌ民族は文字を発明しなかったため、地名なども口承で伝達されてきましたが、この地図と二二巻の「東西蝦夷山川地理取調紀行」により、蝦夷地の地名の多数が現在にまで継承されてきました。数例を紹介すると、札幌はアイヌの言葉で「サッテホロ（乾燥した河川）」、知床は「シリエトコ（地面の先端）」を語源としています。松浦は一八五八年の六度目を最後に、蝦夷地探査を終了します。

一〇年後の一八六九年八月に明治政府の開拓判官に任命され、ここで重要な仕事をします。第一は北海道という名前を提案したことです。五七年に天塩川を小舟で航行し、音威子府付近で野営をしたとき、地元のアイヌの古老が松浦に「カイナー」と呼掛けます。意味は「カイ」がこの土地に誕生した人間、「ナー」は敬称とのことでした。そこで政府に「北加伊道」という名前を提案し、それが北海道となったのです。

第二は北海道の行政区分を策定しました。明治政府は全体を国郡に分割して統治しましたが、この境界を設定し、アイヌの地名を参考に一一の国名と八六の郡名を提言したのです。それを検討した地図が現存しています。第三に札幌を道都の場所として推薦しています。すでに一八五七年の探険のときに一帯を通過し、石狩川の河口を大坂に、その上流の山麓に位置する札幌を京都に見立て、ここを道都にすることを提言しています。

このように北海道誕生の基礎を策定したのですが、開拓判官に任命された翌年三月に辞任し、わずか八ヶ月で役人生活と決別します。五三歳でした。理由の詳細は不明ですが、明治政府のアイヌ政策に納得ができず辞任したと推測されています。それ以後、東京神田で生活しますが、健脚を発揮して全国を行脚し、六八歳のときには故郷の大台ケ原に登山、七〇歳では富士山に登山、七一歳になった一八八八年に自邸で死去しています。

松尾芭蕉、本居宣長とともに松浦武四郎は三重の三偉人とされていますが、前者二人と比較すると、その偉業にもかかわらず、その名前は一般に浸透しているとはいえません。それは名誉などに恬淡とした性格である一方、先住民族を搾取する徳川時代の官吏や商人、明治政府の政策に抵抗したことが影響しているかもしれません。しかし、自身の信念に忠実であった清々しい人生は多数の人々に感銘をもたらします。

北海道をコメの一大産地にした
中山久蔵

（1828-1919）

稲作を制限されていた北海道

北海道は質量ともに日本最大のコメの産地です。水田の面積は断然一位で、日本の水田の九%が道内に存在し、二位で六%の新潟の一・五倍にもなります。コメの生産は残念ながら僅差の二位ですが、二〇一一年には堂々の一位となり話題になりました。面積が広大だから当然と想像されるかもしれませんが、寒冷な北方の大地では東北以南ほど生育条件は良好ではありませんから、これは快挙というほどの収穫です。

品質については日本穀物検定協会が毎年一五〇種程度のコメの食味を五種に格付けしています。最高は「特A」ですが、二〇一七年は全国で四三の品種が選定されています。最多は全国各地で栽培される「コシヒカリ」ですが、北海道からは「ゆめぴりか」と「ななつぼし」の二種が「特A」に選定されています。これは北海道立総合研究機構傘下の各地の農業試験場が長年の努力によって風土に適合した品種を育成してきた成果です。

最近でこそ、北海道はコメの産地として有名ですが、明治初期に開拓が開始された時代には、道内でコメを栽培することは制約されていました。一八七六年に開校された札幌農学校というと「ボーイズ・ビー・アンビシャス」の言葉で有名な初代教頭W・S・クラークが連想されますが、その設立の提言をしたのは、開拓長官黒田清隆の懇請によってアメリカ政府の農務局長を辞任して一八七一年に来日したH・ケプロンでした。

ケプロンは二人の部下と秘書を同道し、丸四年間の日本滞在の期間に道内を三回踏査し、札幌を首都とすることをはじめ、道路計画、鉄道計画、農業、牧畜、水産、教育など様々な分野について提言しています。部下の一人であるT・アンチセルは石狩地方を調査して、灌漑に利用する河水が寒冷のため稲作は無理であり、麦作と牧畜を中心とする北米と同様の農業を提案し、ケプロンやクラークも賛成し、稲作が制約されたのです。

北海道へ定住した中山久蔵

明治時代になって稲作は禁止のような状態になりましたが、それ以前から道内の一部ではコメが栽培されていました。最初の栽培については諸説が存在しますが、いずれも松前藩が蝦夷地を支配していた一七世紀後半に箱館近郊の大野盆地で水田開拓が実施されていたとされ、その一角に「北海道水田発祥之地」と記載された石碑が建立されています。それ以外にも、幕末には石狩平野の琴似や篠路でも水田開発が実施されていました。

それらの先人のなかでも後世の稲作に多大の影響をもたらした人物が中山久蔵です。中山は一八二八年に河内国春日村（大阪府太子町）に松村三右衛門の次男として誕生しました。生来、好奇の精神が旺盛で、一八歳のときに無断で出奔し、江戸、大坂、仙台など諸国を巡回していましたが、仙台で伊達藩士片倉英馬の従者となり、五五年には蝦夷地に渡航し、それ以後、何回か仙台と道内の白老を往復する生活をしています。

当時、蝦夷地は北方からの侵略の危険が予想されていた時期であり、渡航は厳格に管理されていました。幕末に蝦夷地を六度も探検した松浦武四郎も最初の探検のときは商人の下僕に偽装して、ようやく渡航できたほどでした。しかし、伊達藩は白老から襟裳を経由して択捉までの警備を徳川幕府から下命されており、その拠点として白老に陣屋を設営していましたので、中山は仙台藩士の家来として往来が可能だったと推察されます。

しかし明治時代になった一八六九年二月、中山は主人の片倉に暇乞いをし、日本最北の土地に永住の決意をします。江戸時代の農民は先祖伝来の土地に定着して農業をするのが一般ですが、中山は次男であったとともに、全国で江戸から明治へ激変する社会を観察し、新生の時代を未開の土地で活躍したいという意欲を醸成してきたのかもしれません。そこで翌年四月に本籍を勇払郡苫小牧に移動し、一旦帰郷するものの数日で帰還します。

何度も滞在して馴染みのあった伊達藩の白老陣屋に程近いということで入植の土地を選定したのかもしれませんが、残念なことに土地は農業の適地ではありませんでした。中山はすでに四二歳になっていましたが、一帯を必死で調査し、二五キロメートル北側の千歳郡島松府に肥沃な適地を発見し、土地や家財すべてを養子の平三郎に譲渡し、一八七一年三月に夫婦と幼児の三人はわずかな家具や農具とともに島松に移動します。

島松で稲作に成功

島松は札幌と千歳の中間にあり、現在でも札幌まで鉄道により三〇分弱で到達できる便利な場所ですが、中山が入植した翌年からは、ケプロンが提案した室蘭から島松までの札幌本道の工事が開始され、さらに一八七三年には島松から札幌までの道路も開通するという重要な拠点でした。そのため道路工事の工夫などが全国から到来しており、宿舎や商店も建設され、無人の原野に単独入植したという状況ではありませんでした。

移住した一八七一年には約六〇〇〇坪の畑地を開墾し、雑穀八〇俵余の収穫を実現していています。このような時期に函館から札幌までの札幌本道が開通したために北海道開発責任者の島義勇開拓判官が島松に立寄ったときに中山に面会し、その努力を賞賛して今後も精励するようにと一人扶持を下賜する下命がありました。しかし、そのような恩恵によって自助の精神が弱体になると懸念し、辞退したという逸話が伝承されています。

雑穀の生産が安定したため、中山はいよいよ本命の稲作への挑戦を開始します。隣接する札幌郡月寒村に水田一反を開墾し、道内の水田発祥之地である渡島国大野村から赤毛の種籾を購入して栽培し、見事に反当たり二石三斗を収穫します。中山が賞賛されるのは、この貴重な収穫を独占するのではなく、周辺の農家の「有志の諸氏に分配」した度量です。この行為について開拓使大判官の松本十郎が賞賛し、さらに勉励するように激励しています。

前述のように、アメリカからケプロンに同行してきた技師アンチセルが石狩平野を調査したとき、河川からの導水の水温が寒冷すぎて、苗代での育苗ができないという見解でした。そこで対策として、種籾は道産を使用し、寒冷な北風の防風対策として苗代の周囲に土塁を構築し、引水のための水路はジグザグにして日射で水温が上昇するようにし、場合によっては風呂の温水を注入するなどの努力をして成功させたのです。

それ以後、紆余曲折はあるものの、毎年、反当たり二石以上の収穫があり順調でしたが、明治一五年代中頃にはゼロになっている時期があります。これは異常に繁殖したバッタの襲来によるものでした。P・バックの『大地』に描写された中国の被害ほどではありませんが、天候は順調であったにもかかわらず、収穫が皆無になるという虫害の恐怖を証明しています。それ以後も何度か一石以下になっていますが、天候不順の影響です。

稲作とともに社会貢献に邁進

そのような必至の努力をしながら、水田の拡大、品種の改良を推進し、中山は一八七七年に東京の上野公園で開催された「第一回内国勧業博覧会」に自作の北海道産のコメを出品したところ、主催した初代内務卿大久保利通から褒章を授与されるという快挙となります。このような中山の活躍により、稲作を推奨してこなかった北海道開拓使も八六年に北海道庁に組織変更される時期から方針を変更します。

一八九二年に第四代北海道長官に就任した北垣国道は東京農業大学教授で稲作の権威であった酒匂常明を北海道庁財務部長に招聘し、道庁の施策として稲作を推進することにしました。そしてすでに稲作の名人として名声を獲得していた中山は道庁嘱託に任命され、道内各地で営農指導に邁進します。その結果、酒匂部長が赴任した九二年には二四〇〇ヘクタールであった水田は一〇年後に六倍以上に拡大しました。

このように中山は北海道内の稲作の技術開発と普及拡大に多大の貢献をするとともに、現在でいう社会貢献にも熱心でした。稲作を開始した最初の収穫でさえ周辺の農家に配布していましたし、バッタの被害によって収穫がゼロであった一八八二年と翌年、さらに天候不順で反当り収穫が例年の三割しかない八四年も種籾の無料頒布をしてきました。それは日本人魂の基盤である稲作を新開の大地に定着させたい執念でした。

中山の社会貢献は農業分野だけではありませんでした。前述のように一八七三年に函館から札幌まで札幌本道（現在の国道三六号線）が開通し、その途中にある島松には駅逓所が設営されました。江戸時代の街道に設営された宿場と同様、駅舎と人馬を用意して旅人に宿泊と輸送の便宜を供与した施設です。この施設を八四年の稲作の凶作の時期から駅逓取扱人として運営していたのが中山だったのです。

明治時代の図面により一〇〇坪程度の木造平屋の建物が復元され「旧島松駅逓所」として史跡に指定されています。ここは札幌農学校の初代教頭クラークが八ヶ月の札幌滞在を終了して一八七七年に帰国するときに「ボーイズ・ビー・アンビシャス」の言葉とともに見送りにきた生徒と別離した場所で、その記念の石碑がありますが、中

寒地稲作発祥の碑

山の功績を顕彰する寒地稲作発祥の記念石碑（図）も設立されています。

北海道は国土の約二二％の面積ですが、畑地は全国の約四五％という広大な面積を占有しています。そのため、小麦の生産は日本の約六六％、大豆が約三五％、蕎麦が約四二％、ジャガイモが約七八％という農業大国です。しかし、明治初期には栽培を否定されていたコメについてさえ全国二位の七％を生産する稲作大国になっているのは、約一五〇年前に強烈な情熱によって稲作を開始するとともに普及に貢献してきた中山久蔵の功績です。

明石元二郎

一人で二〇万人分の戦果をあげた

(1864-1919)

日露戦争への道筋

一五世紀後半からポルトガルとスペインを先頭に、イギリス、フランス、オランダなどが海洋に進出し、自国の領土を拡大する競争を開始していきます。鎖国政策の日本と交易を許可されていたポルトガルとオランダは例外として、早期から日本に接近してきたのがユーラシア大陸の西側から東側までを領土とするロシア帝国でした。すでに一八世紀末期から軍艦が蝦夷地といわれた北海道に接近し、一部は上陸しはじめます。

そのような圧力により、徳川幕府は一八五四年にアメリカと和親条約、五八年に修好通商条約を調印し、さらに同年オランダ、ロシア、イギリス、フランスとも同様の条約を締結し、二五〇年維持した鎖国体制が終了しました。六八年に成立した明治政府は自国防衛のため早急に洋式の軍隊を整備し、清国が朝鮮半島に存在した李氏朝鮮へ進出することを阻止するため、九四年に日清戦争を開始し、翌年、勝利して遼東半島を占領します。

しかし、自国の権益をアジアに確保したいロシア、ドイツ、フランスの圧力により、日本は遼東半島を清国に返還せざるをえなくなりますが、ロシアは約束に違反して遼東半島から満州まで軍隊を駐屯させたままどころか増強してきました。一九〇二年に日本がイギリスと日英同盟を締結したため、その圧力によりロシアは撤退すると約束しますが、それも反古にして居座ったため、ついに一九〇四年二月八日、日露戦争が勃発しました。

国家の興廃をかけた戦争

当時のロシア帝国の面積は日本の約六〇倍、人口は三・七倍、極東の兵力は一・八倍という大国でしたから、近代国家となって約四〇年の日本には無謀ともいえる決死の覚悟の戦争でした。大日本帝国海軍連合艦隊とロシア帝国バルチック艦隊が決戦した一九〇五年五月の日本海海戦のとき、第一艦隊参謀秋山真之が開戦直前に各艦に送信した「皇国の興廃この一戦にあり。各員一層奮励努力せよ」という言葉が状況を象徴しています。

日露戦争に敗戦すれば、近代国家として成立したばかりの日本が消滅するというほどの危機に直面していた当時の緊迫した状況を見事に表現しています。そのため日本は必死で準備をします。一例として、鋼船の軍艦を製造する十分な能力はなく、「日進」「春日」はアルゼンチン海軍の中古を購入、「筑紫」「和泉」はチリ海軍がイギリスの造船会社アームストロングに製造依頼していた権利を譲渡してもらうという状態でした。

そのような努力のなかで重要なのが諜報作戦でした。諜報という活動は一般には敵国の状況についての情報を収集することと理解されますが、同時に敵国に間違った情報を提供して混乱させることも重要な諜報活動です。戦争では華々しい戦闘が注目されますが、その裏側で目立たない重要な戦闘です。日露戦争のとき、その両方において抜群の能力を発揮し、世界で諜報世界の天才として有名になったのが明石元二郎です。

頭脳明晰かつ豪放磊落な明石

明石は幕末の一八六四年に九州の福岡藩の重臣明石助九郎貞儀の次男として、福岡市大名町に誕生します。明石が三歳のとき、理由は明確ではありませんが、父親の貞儀が二八歳で切腹してしまいます。以後は寡婦秀子により養育されますが、幕末の動乱の時期で生活は困窮します。しかし秀子は内職で家計を維持しながらも、子供が金銭に拘泥することを嫌悪し「命を惜しむな、恥を惜しめ」という武士の心構えを徹底教育します。

明石は一八七二年に地元の大名小学校に入学しますが、成績優秀であったため、海軍兵学寮に進学していた隣家の石田五六郎から東京で勉強するように説得され、七七年に陸軍幼年学校に入学、八一年に陸軍士官学校に進学しました。八三年に卒業して少尉となり、東京の陸軍戸山学校の教官に就任しますが、八七年に陸軍大学校に入学、八九年に卒業して青森歩兵第五連隊を経由して九〇年に陸軍参謀本部に出仕します。

それ以後の活躍を説明するために、明石の人柄を紹介しておきます。子供の時代から頭脳明晰であり、陸軍幼年学校のときの成績は語学が一位、漢学が六位、算学が五位で、総合成績は六五名中十九番目でした。全体の成績が意外に下位であったのは、図学が三二位だったことが影響しています。製図自体は素晴らしいのですが、鼻水で用紙を汚してしまうからでした。この逸話が象徴するように、服装には頓着しない性格でした。

小学生のときの渾名が「はなたれ」で、陸軍士官学校でも成績は優秀でしたが服装検査に合格せず、日曜の外出が許可されないほどでした。しかし、性格は豪放磊落で、それを証明する有名な逸話もあります。福岡県令が小学校を視察したとき、生徒代表の一人として「精神」という文字の習字を披露しますが、用紙一杯になって余白がなくなってしまいました。周囲は心配しますが、そのまま青畳まで延長して堂々と終了したのです。

語学の天才として活躍した明石

一八九〇年に明石が出仕したときの参謀本部総長は有栖川宮熾仁親王でしたが、実質の仕事は「参謀本部の父」とされる参謀次長の川上操六が仕切っていました。川上は八七年に乃木希典とともにドイツへ留学し、ドイツ帝国陸軍参謀総長H・フォン・モルトケに師事します。普仏戦争の勝利に貢献した「世界軍事界最高峰」といわれる軍人と参謀本部で直面し、川上は情報の収集と分析の意義を痛感して帰国、参謀本部を指揮します。

当時の陸軍は薩長が支配していましたが、川上は出身に関係なく優秀な人材を採用する公正無私な人物で、陸軍大臣になる宇垣一成（備前出身）や上原勇作（日向出身）などが参集していました。その川上の指示により明石は九四年にドイツに留学しますが、翌年に日清戦争が勃発したため帰国、戦後、満州を視察します。そこで目撃したのは三国干渉により返還した遼東半島でロシアが着々と戦争の準備をしている現実でした。

そのような時期の一九〇〇年に明石はフランス公使館付武官、〇二年にロシア公使館付武官に任命され、語学の才能を発揮します。その任地でフランス語とロシア語を短期で習得したのです。これに関係する逸話があります。ロシアのヴィッテ蔵相主催のパーティに出席したとき、英語とフランス語は多少理解できるが、ロシア語とドイツ語は苦手であると自己紹介し、安心して談話している人々の会話を盗聴していたということです。

この語学の才能を活用し、明石はロシアだけではなく欧州各国の新聞や雑誌を収集して丹念に分析し、ロシアの実情を参謀本部次長の児玉源太郎を経由して参謀総長の山縣有朋に報告します。ロシア内部には政府への不満分子が多数存在し、ポーランドやフィンランドなどロシア領国にも独立を目指す勢力が存在するので、それらを内密に支援して撹乱すれば内部崩壊をもたらし、日本との戦争能力を減少させるという内容でした。

ロシアの心臓を攻撃した明石

山縣と児玉は作戦を決意し、明石に必要な工作資金を見積もらせると一〇〇万円という回答でした。現在に換算すると数十億円になります。これには二人とも躊躇しますが、明石の能力を信用して決済します。一九〇四年二月六日に日本はロシアと国交断絶、開戦になります。明石はロシアのサンクトペテルブルグからスウェーデンのストックホルムに移動し、地下組織と連絡して情報を収集するとともに、必要な工作資金を提供します。

それ以後、七月にロシアの秘密警察首領である内務大臣V・プレーベの暗殺、ポーランドでゼネラルストライキ、翌年一月に首都でのデモ行進を弾圧する血の日曜日事件、六月に戦艦ポチョムキンの水兵の反乱などが発生し、ロシアは内部から崩壊して弱体になっていきます。そして五月に皇国の興廃を左右する日本海海戦に大日本帝国海軍は劇的な勝利をし、九月に日露はポーツマス講和条約を調印して終戦になります。

課報作戦は秘密で実施されますから、明石の作戦の効果は明確ではありませんが、ドイツ皇帝ウィルヘルム二世の「明石一人で日本軍二〇万人に匹敵する戦果をあげた」という言葉や、陸軍参謀本部参謀次長の長岡外史の「明石の活躍は陸軍一〇個師団に相当する」という言葉がありますし、アメリカで出版された『日露戦争全史』には「東郷や大山はロシアの艦隊や陸軍を撃破したが、明石は心臓を攻撃した」とも記録されています。

明石は戦争の背後で暗躍した軍人ですが、人柄は高潔で、戦争が終了した段階で一〇〇万円の工作資金の詳細な使徒明細とともに、使用しなかった二七万円を長岡外史に返却しています。わずかな誤差がありましたが、それは列車の便所で紛失した金額ということでした。この高潔さは以後の人生でも発揮されています。戦後、一九〇七年に憲兵隊長に任命されて朝鮮半島の治安維持の任務遂行のため、一四年まで滞在します。

明石は悪化していた韓国の治安対策として、失業していた人々を治安要員として雇用するという大胆な手段で治安を回復しますが、それ以外にも業績があります。大韓帝国の首都漢城の衛生状態が不潔であり、コレラなどの流行が懸念されたため井戸や便所を整備していますし、無法の伐採で禿山になっていた土地に植林を推進して森林を造成します。現在、韓国の森林面積比率は約六三％で世界でも上位ですが、これも明石の功績です。

韓国での業績が評価され、明石は一四年に参謀次長になり、一八年に第七代台湾総督に任命されます。明石は「台湾は東洋の心臓」という理念で台湾の産業発展を目指し、水力発電所や鉄道の建設とともに司法制度や教育制度の整備を遂行しています。一九年に体調が悪化して療養のため帰国しますが、到着直後、郷里福岡で他界します。台湾での埋葬を遺言としていたため遺骸は台湾に送還され、立派な墓地に埋葬されています（図）。

情報戦争に出遅れる日本

明石の時代の諜報戦争は新聞などの公開情報を分析するオシント（オープン・ソース・

明石台湾総督の墓址

インテリジェンス）と、人間経由で情報を収集するヒュミント（ヒューマン・インテリジェンス）が中心でしたが、現在では電気通信を盗聴するシギント（シグナル・インテリジェンス）が主流です。それは戦時だけではなく、二〇一六年のアメリカ大統領選挙でにロシアの諜報機関の関与が推測されるように、平時でも展開されています。

この分野で日本は出遅れています。アメリカは二〇一〇年にサイバー軍を創設、中国も一一年にサイバー軍の存在を公表しましたが、日本は一三年にサイバー防衛隊準備室を設置という出遅れです。日本の技術や人材の不足も課題ですが、最大の問題は日本周辺で中国、ロシア、北朝鮮などの圧力が増大しているにもかかわらず「皇国の興廃この一戦にあり」という危機意識の不足です。日本を救済した明石の偉業を認識すべき時期です。

自然保護と産業育成に尽力した
前田一族

（前田正名 1850-1921）

森林王国・北海道

日本の国土面積のうち森林面積の比率は六八%で世界の一七番目です。日本より上位の国々の多くはミクロネシア、セーシェル、パラオなど島国の小国ですから、一定規模以上の人口や面積をもつ国家だけで比較すれば、日本はフィンランド（七三%）、スウェーデン（六九%）に僅差の三位になります。しかし、フィンランドは日本の九割の面積に約五四〇万人、スウェーデンは一・二倍の面積に約九六〇万人が生活しているだけです。

日本が世界有数の森林大国であることが理解できますが、その森林面積を都道府県単位で比較すると、北海道は全体の約二二%を占有する断然首位です。もうひとつの特徴は森林を天然林と人工林に分類すると天然林の比率が高率なことで、全国平均は約六〇%ですが、北海道は約七三%にもなっています。これは北海道の面積が広大であるうえに、本格開発されはじめたのが明治時代以後の百年程度ということが主要な理由です。

しかし、北海道の発展とともに天然林も最近では減少の傾向にあります。一九六〇年には四四七万ヘクタールであった天然林は五〇年後の二〇一〇年には三七六万ヘクタールと、約一六%も減少しています。この期間に耕地面積は九五万ヘクタールから一一六万ヘクタールに増加しており、その開発のため伐採が進展してきた影響です。そのような状況にもかかわらず、まとまった天然林が現在まで維持されている場所は何個所かに存在していますが、その森林の保存に貢献してきた一族が存在します。

殖産興業を推進した前田正名

日本には現在、三三個所の国立公園が存在しますが、六個所は北海道にあります。日本最初の国立公園は一九三四年に雲仙天草国立公園、瀬戸内海国立公園など八個所が指定されていますが、そのうちの一個所が北海道東部にある阿寒（現在は阿寒摩周）国立公園です。ここは屈斜路湖、摩周湖、阿寒湖という火口湖と、その周辺の雄阿寒岳、雌阿寒岳、カムイヌプリなどの活火山から構成される日本でも数少ない絶景が維持されている環境です。

この阿寒国立公園の成立に尽力したのが前田正名です。前田は一八五〇年に貧乏な薩摩藩医であった前田善安の六男として薩摩に誕生し、学業優秀であったため、一六歳のときには薩摩藩から藩費によって長崎に派遣され勉強する機会がありました。その関係で薩長同盟の締結（一八六六）のときには密使として活躍し、坂本龍馬に面会して龍馬の帯刀を贈与されるとともに、西洋の事情を教示されたという逸話があります。

その情報に影響されて海外への留学を目指し、資金獲得のために、一八六九年に『和訳英辞書』（通称『薩摩辞書』）という英和辞書を刊行します。当時の日本には活版印刷の技術がなかったため、藩費により上海で印刷しましたが、約七〇〇ページの本格辞書です。これは後年、朝鮮総領事や東京大学農学部の前身である駒場農学校長を歴任する兄の前田献吉と九州鉄道社長や日本勧業銀行総裁に就任する高橋新吉との共著です。

この辞書は評価されて政府が権利を買上げ、その資金と官費で前田はフランスへ留学することになり、一八六九年にモンブラン伯爵の随行として横浜を出発します。約七年間、フランスに滞在して西南戦争の最中の七七年に帰国しますが、その翌年に開催されるパリ万国博覧会に日本も出展することを内閣卿であった郷里の先輩大久保利通に進言したところ、出展準備を一任され、開催中は博覧会事務官長としてパリに滞在し、博覧会を成功させせます。

しかし、博覧会の開催直後に前田の後楯であった大久保が暗殺され、夫人も同年に死亡したため、帰国してから親族の依頼で東京の大久保邸に逗留することになります。そこで大久保の姪である石原イチと出会い、一八八一年に大隈重信を親代わりとし、松方正義の媒酌により、大久保邸で挙式します。この年は明治一四年の政変が勃発したときで、大隈重信が下野したことにより松方正義が大蔵卿に就任します。

松方は煙草税、酒造税、醤油税などの新設、官営工場の払下、財政圧縮などにより、政府の財政収支を改善しますが、「松方デフレ」といわれる深刻なデフレーションが発生して多数の企業が倒産し、世間から反感をもたれるようになります。そこで農商務省に勤務していた前田は一八八四年に殖産興業を推進する戦略を『興業意見』（全三〇巻）として提出するとともに、産業育成のための融資をする日本興業銀行の設立も提案します。

一八八八年には第七代山梨県知事に就任しますが、短期の在任にもかかわらず殖産興業政策を実施し、中世から勝沼などで栽培されていた甲州葡萄を本格産業とするため栽培の普及を推進しました。九五年には養蚕が活発な京都府何鹿郡で製糸を産業にするべきと演説した結果、翌年「郡是製糸株式会社（現在のグンゼ）」が設立されます。この「是」は方針という意味で、以後、各地に二四の「是」のつく製糸会社が設立されました。

阿寒国立公園の成立

農商務次官になった前田は一八九〇年に農商務相であった睦奥宗光と意見が対立して辞任したことを契機に全国行脚を開始し、一九二一年に他界するまで、全国で殖産興業の意義を遊説し、「布衣（＝無冠）の農相」と尊敬されていました。その過程で自然保護に関心をもち、その主張に共感した明治天皇が全国各地の帝室の土地五〇〇〇ヘクタール以上を、環境保護、林業育成などの目的で払下げ、前田は日本最大の地主になります。

それらの土地を利用して、一八九八年には宮崎で新田開発を実施、翌年には北海道釧路市に前田製紙合名会社を設立、釧路銀行も創設します。さらに一九〇六年以後、数年かけて阿寒湖畔の用地三八〇〇ヘクタールを取得して「阿寒前田一歩園」と命名し、初代園主として移住します。この一歩という名前は座右の言葉「万事に一歩が大切」に由来するもので、各地の事業を「地名＋前田一歩園」という名称としていたものです。

この土地は牧場にする予定でしたが、火山や湖水のある光景がスイスに匹敵すると感動し、「この山は切る山ではなく、観る山にすべきである」という名言により観光に利用する決断をします。前田は「前田家の財産はすべて公共事業の財産となす」という言葉を家訓としていましたが、前田が一九二一年に死亡し、三八年に第二代園主となった次男の正次はじめ一族は家訓を継承し、三四年に前田家の土地三八〇〇ヘクタールを一部とする九万ヘクタールの阿寒国立公園を実現させたのです。

前田一歩園を支えた前田光子

病弱の正次は毎年夏期しか阿寒湖畔に滞在しませんでしたが、その正次を支援したのが一九三六年に結婚した夫人の前田（旧姓安原）光子でした。光子は一二年に栃木県日光市に誕生し、一六歳のとき宝塚少女歌劇団に入団します。雪組のスター文屋秀子として活躍しますが、二〇歳で退団、四年後に二五歳上の正次と結婚します。終戦間近の四三年に夫婦で阿寒湖畔に移住しますが、病弱の正次を補佐して一帯の環境保全に尽力します。

一九五七年に正次が死去してから、光子は第三代園主として前田一歩園を維持してきました。当初は牧場にする予定であったため、一帯の森林は一〇〇〇ヘクタール以上が伐採されていましたが、それを復元するため、光子は陣頭指揮で植林を推進し、死亡するまでの二六年間に約二五〇万本を植林しています。現在、阿寒湖上から周囲の森林を眺望すると、原生林ではないものの、天然林と見紛うような見事な森林が育成されています。

現在、阿寒湖畔を観光目的で訪問する人々がアイヌ民族の伝統工芸を購入し、民俗芸能を鑑賞するために立寄る阿寒アイヌコタンという場所があります。両側に約三〇軒の土産物店や食堂が集合している広場です（図）。ここも光子が土地を無償で提供し、各地のアイヌの人々が集合して生計を維持するための仕事をできるようにした場所です。そのためアイヌの人々は光子を「ハポ（やさしい母親）」と尊敬していました。

多数の人々が土産に購入するクマやフクロウなどの木彫りの彫刻は伝統工芸と誤解

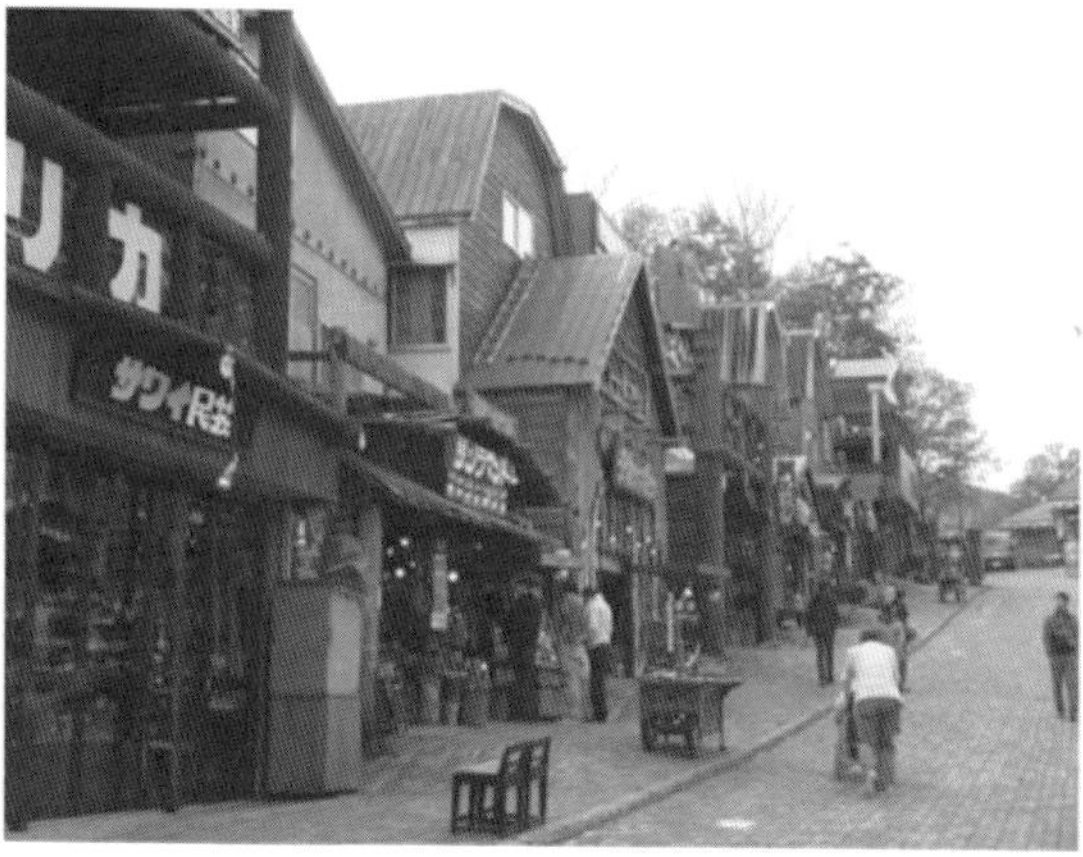

阿寒アイヌコタン

されていますが、これも光子がアイヌの人々が得意とする彫刻の能力を発揮して工芸作品を創作するように指導した賜物です。さらなる功績は前田一歩園を財団法人にし、自然環境が長期に保存される手配をしたことです。これらの貢献により、光子は「阿寒の母」と尊敬され、一九八三年に七一歳で逝去のときは阿寒町葬が挙行されたほどでした。

明治維新一五〇年の覚悟

明治維新を実現していく過程では、戊辰戦争や西南戦争という内戦も勃発し、数多くの暗殺も実行されたという汚点もあります。また活躍した人々にも毀誉褒貶があります。しかし、外国からの圧力で国家存亡の危機に直面していた状況で、前田正名のように国家百年の行方を思索して無私の精神で行動した人々が多数存在しました。それらの人々の意思の集積が近代日本の繁栄の基礎でした。

現在の日本を取巻く環境は明治時代ほどではないにしても、中国、ロシア、アメリカ、北朝鮮との関係など安閑とした状態ではありませんが、国内では十分な緊張があるとはいえません。明治時代の人々は開国してみて産業革命への出遅れに愕然として必死で挽回しようと努力しましたが、現在は産業革命に匹敵する情報革命に出遅れているにもかかわらず大胆な政策が登場していません。類似した状況ですが、不足しているのは危機の意識と対応の覚悟です。先人の意識と覚悟を見習う必要があります。

ヨセミテの自然保護に尽力した

ジョン・ミューア

(1838-1914)

アメリカの自然の破壊と保護

二〇一七年にアメリカが温室効果ガスを削減するパリ協定からの離脱を表明しましたが、アメリカの歴史では、自然環境の破壊は何度も発生しています。有名な事例はリョコウバトの絶滅です。北米大陸への移民が増加しはじめた一八世紀には五〇億羽が生息していたと推定されますが、不幸なことに美味であったため乱獲され、動物園内で飼育されていた最後の一羽が一九一四年に死亡、地上から消滅しました。

同様の乱獲により絶滅一歩手前まで減少したのがアメリカバイソンです。五〇〇キロ以上ある巨獣ですが、一九世紀初頭には六〇〇〇万頭が草原に群生し、先住民族が食料にしている程度でした。しかし移民による西部開拓とともに、皮革目的や娯楽目的の狩猟によって一八九〇年代には一〇〇〇頭以下になってしまいました。ようやく二〇世紀になって保護活動が開始され、最近では五〇万頭程度に回復するようになりました。

このような環境破壊の一方、環境保護も推進され、世界最初の国立公園が創設されたのはアメリカでした。イエローストン国立公園（一八七二）が一号、ヨセミテ国立公園（一八九〇）が二号ですが、ヨセミテは六四年に州立公園に指定されていますので、公的に認定された自然公園としては世界最初になります。このヨセミテ国立公園は一人の人物の多大な尽力により実現したのですが、その人物がジョン・ミューアです。

放浪からヨセミテに定着

ヨーロッパから北米大陸への移民は一七世紀初期から開始されますが、一八世紀後半までに累計で約一〇〇万人という程度でした。しかし一九世紀中頃になると、突然一〇年間で約一七〇万人にも増加します。一八四八年に太平洋岸のカリフォルニアで金鉱が発見されゴールドラッシュが発生したからです。今回紹介するミューアも、この直後の四九年に一家でスコットランドから移住してきた家族の一員です。年齢は一一歳でした。

移住してきた初期の生活を晩年に追想した『子供・青年時代の物語』（一九一三）という自伝があります。アメリカでは開拓が進展していない自然環境を「ウィルダネス」と表現します。荒野とも翻訳しますが、原生自然という語感が正確です。一家の転居とともに、ミューアが各地のウィルダネスで自由に生活していた状況が詳述されており、この経験が後年の自然保護活動への意欲に反映していることが実感できます。

自然環境を満喫していたミューアも二二歳になった一八六一年に地元のウィスコンシン大学に入学し、化学、地質、植物などについて勉強します。しかし、この時期は奴隷制度の存廃を争点としてアメリカを二分する南北戦争が勃発したときで、徴兵を敬遠したミューアは実弟が移住していたカナダに逃避します。戦争が終了した六六年に帰国してインディアナポリスの工場に就職しますが、そこで失明寸前の事故に見舞われます。

それを契機に、後悔しない人生を目指して、アメリカ各地を徒歩旅行し、一八六八年にカリフォルニアに到着、以前から関心のあったヨセミテ渓谷で登山案内の仕事に従事します。数多くの著名な人々を案内しますが、その一人が七一年に東部から訪問してきた作家のR・W・エマソンでした。著書により尊敬していたエマソンに激励され、ミューアは次第に自然保護活動に深入りしていくことになります。

山奥で生活していたミューアが世間に注目された最初はシエラネヴァダ山脈の造山活動についての評論でした。土地に精通していたミューアは山脈が氷河により形成された痕跡を各地で発見していましたが、当時は著名な地質学者J・ホイットニーによる地盤陥没説が有力でした。しかし、ミューアが案内したマサチュセッツ工科大学学長の紹介で新聞に執筆した「ヨセミテの氷河」（一八七一）により、注目されるようになったのです。

ヨセミテ国立公園の成立に貢献

これを契機に執筆に意義を見出すようになり、最初の自然保護の文章「神々の原初の寺院・森林をいかに保存すべきか」（一八七六）を発表します。ゴールドラッシュを背景に、一八六〇年代には東部と西部を連絡して大陸を横断する道路と鉄道が完成し、世界最大の巨木ジャイアント・セコイアが伐採されて東部に運搬され、六四年に州立公園に指定されていたヨセミテ渓谷の森林や草原でさえ家畜の放牧に利用される状態でした。

ミューアはヒツジを草原を荒廃させる「ひづめのあるイナゴ」と命名し、ヨセミテの原生の自然を家畜の被害から保護することに情熱をもちます。そのような時期に登山の案内をしたのが『ザ・センチュリー・マガジン』の編集をしていたR・U・ジョンソンでした。ジョンソンはキャンプをした牧場でヒツジによる自然破壊の現状を目撃し、ヨセミテ一帯から家畜を排除する趣旨の文章を執筆することをミューアに提案します。

そこでミューアが執筆し『ザ・センチュリー・マガジン』に掲載されたのが「ヨセミテの宝物」と「ヨセミテ国立公園提案の特徴」（一八九〇）でした。この雑誌は二〇万部発行されており、多数の読者の後押しを獲得することになりました。それと同時にジョンソンは自身の政治能力を駆使して、ヨセミテをイエローストン国立公園のような国立公園にすることを議会に運動し、九〇年一〇月一日にヨセミテ国立公園が誕生しました。

国立公園に指定されたものの罰則規定がなかったため、動物の密漁や鉱石の発掘の目的で侵入して警告されても、翌日には再度侵入してくるという状態でした。そこでジョンソンと相談してヨセミテの自然を保護する団体を設立しようということになり、一八九二年五月二八日に一八二名の創立会員により、サンフランシスコに本部を設置する「シエラクラブ」が設立され、ミューアは逝去する一九一四年まで会長に就任しました。

「シエラクラブ」はイギリスで一八九五年に設立された「ナショナル・トラスト」とともに環境保護団体の老舗で、会員（公称）も現在では三〇〇万人になり、「WWF」（五〇〇万人）、「ナショナル・トラスト」（四〇〇万人）などとともに世界有数の組織になっています。日本では「日本野鳥の会」や「日本自然保護協会」などが存在しますが、いずれも会員は数万であり、自然への意識の相違を勘案しても大差です。

ダム建設の反対に執念

このように自然保護は進展してきましたが、安泰というわけではありませんでした。一八九一年にアメリカの自然保護史上もっとも重要な政策と評価される「森林保護区法」が成立し、合衆国大統領は公有の土地の森林を売却対象から除外することが可能になりましたが、九七年になって「森林管理法」が制定され、森林保護区内であっても鉱山開発や放牧は可能になり、それを推進するG・ピンショーが森林局長に就任したのです。

そのような時期の一九〇三年に第二六代大統領セオドア・ルーズベルトがミューア

Underwood & Underwood

ルーズベルト大統領（左）とミューア

を訪問し、ヨセミテ山中で二人だけでキャンプをするという希有な機会が到来しました（図）。ルーズベルトの趣味が狩猟や登山であったこととミューアが有名であったことの相乗効果で実現した機会でしたが、ミューアはヨセミテ国立公園に編入されなかったヨセミテ州立公園の区域を国立公園に移管することを直訴し、〇五年に実現しました。

しかし巨大な難問が登場しました。国立公園北部にあるヘッチヘッチー渓谷にダムを建設する計画が浮上したのです。約二七〇キロメートル西方のサンフランシスコの水源を確保する目的です。両側が岸壁である渓谷はダム建設には最適の地形でした。

サンフランシスコ市長は一九〇一年からダム建設を要求していましたが、〇六年にサンフランシスコに巨大地震が襲来した結果、用水の需要は一層顕著になりました。

そして一九〇八年に内務長官J・ガーフィールドがサンフランシスコに開発の権利を認定した結果、以後、ミューアが会長であるシエラクラブを中心とする勢力が反対し、七年にもなる紛争が発生します。ミューアは旧知のルーズベルト大統領に手紙を送付しますが、州政府の権限に介入することを躊躇して応援せず、さらにシエラクラブもダムに賛成する会員が存在して分裂し、一三年一二月一九日に建設が決定し、二五年に完成しました。

ミューアを記憶する事業

ミューアは第二八代大統領ウッドロウ・ウィルソンの署名によりダムの建設が決定したとき、親友に「シエラ渓谷が消滅することは我慢できないことである。カリフォルニアでもっとも魅力ある渓谷と公園が破壊されることを痛感する」という手紙を送付し、失意のなかで翌年の一九一四年一二月二四日に逝去します。ミューアは日本ではそれほど有名ではありませんが、アメリカでは「自然保護の父」として尊敬されています。

アメリカにはミューアを記念したミューア氷河、ジョン・ミューア大学などが存在しますが、もっともミューアの精神を象徴するのはジョン・ミューア・トレイルです。ヨセミテ国立公園を起点としてカリフォルニア州内を南北に約三四〇キロメートル縦貫する自然歩道で、ミューアが死亡した翌年から二四年間かけて整備されました。全体の走破には約一ヶ月が必要ですが、シエラネヴァダ山脈の雄大な自然を満喫できる歩道です。

現在でこそ自然保護は社会の常識になっていますが、ミューアが活動を開始した時代には異端の活動でした。日本でも少数のアイヌ民族が生活していた北海道で明治時代に開拓が開始され、アイヌ民族が崇拝していたエゾオオカミは二七年間で絶滅しています。そしてアメリカと同様、それから四〇年後に北海道に二カ所の国立公園が設立されています。このような試行錯誤を繰返さないためにもミューアの活動を記憶すべきです。

不屈の精神で最悪の探検から生還した

E・シャクルトン

（1874-1922）

未知の南方大陸の探求

一三八五年にポルトガルに誕生したアヴィス王朝の初代国王の三男D・エンリケは航海王子として有名です。ポルトガルを海洋王国にするため多大の貢献をしたからです。一四一六年に航海について研究と教育をする「王子の集落」を建設し、情報収集や技術開発をしますが、その成果により一五世紀前半からポルトガルの船隊がアフリカ大陸南端を周回するインド航路を開拓するなど海洋王国として発展していきます。

一方、スペイン王室の援助により、一四九二年にC・コロンブスが北米大陸の一部に到着し、世界規模の領土問題が発生します。そこで教皇アレクサンデル六世が大西洋のほぼ中央の子午線を境界に、それより西側で発見された陸地はスペイン、東側はポルトガルの領土とするトルデシリャス条約を九三年に布告します。現在でこそポルトガルは小国ですが、約五〇〇年前にはスペインと世界を二分する大国でした。

それ以後も、一六世紀前半にはスペイン王室の支援によるF・マゼラン艦隊の世界一周航海、後半にはイギリスのF・ドレーク艦隊による世界一周航海、さらに一七世紀になってオランダのW・ヤンツによるオーストラリア大陸の発見、オランダのA・タスマンによるニュージーランドの発見、一八世紀になってイギリスのF・クックによる南極海域の探査などが相次ぎますが、その結果、ある重大な疑念が議論されるようになります。

それらの発見を根拠に地球の陸地面積を計算すると、北半球は陸地が四割であるのに南半球には二割しか存在しないため、当時の知識では地球の自転が安定せず、南側に未知の大陸があると推測されるようになります。これは「テラ・アウストラリス・インコグニタ（未知の南方大陸）」と名付けられ、各国が発見競争をしますが成功しませんでした。一八二〇年に何人かが未知の大陸（南極大陸）に上陸したと主張しますが、現在でも最初の発見は不明のままです。

しかし南極大陸が発見された結果、競争は極点への到達に移行します。二〇世紀初頭から国家の威信を背景にイギリスなど各国が探検を開始し、日本も一九一二年に白瀬矗が南緯八〇度〇五分まで到達しています。しかし本当に国家を背負って競争したのはノルウェイのR・アムンセンとイギリスのR・スコットが指揮する二隊で、結果はアムンセンが一一年一二月に先着、スコットをはじめ五名は極点に到達したものの、帰路で全員が死亡という悲劇で終了しました。

シャクルトン最初の南極探検

これで未踏の極点への到達競争は終了し、以後は南極大陸の横断競争になります。この競争に挑戦し、失敗を偉大な成功に転換したのがアーネスト・ヘンリー・シャクルトンです。シャクルトンは一八七四年にアイルランドで一〇人の兄弟姉妹の長男として誕生しました。六歳のときに一家がロンドン郊外に移住し、そこで勉強しますが、成績は優秀であったものの勉強に関心がなく、一六歳のときに船乗りに転向します。

この分野では適性を発揮し、何隻もの商船で船員として経験を蓄積し、船乗りとしての階級も上昇、二四歳になった一八九八年にイギリスのサウサンプトンとアフリカ南端のケープタウンの区間を定期運行するユニオン・キャッスル・ラインに船員として就職しますが、一九〇一年に人生後半の方向を決定する仕事に従事することになります。王立地理学会が企画した南極を調査する目的の遠征隊員に採用されたのです。

正式には「イギリス国立南極遠征」、一般に「ディスカバリー遠征」と名付けられた探検は、木造三本柱の機帆船「ディスカバリー」を新造、隊長には後年、極点に到達したものの帰路に死亡した海軍中佐スコットが任命されました。この探検は一九〇一年七月にイギリスを出発、翌年一月に南極大陸に到着、南緯八二度一七分の極点まで約九〇〇キロメートルの地点に到達する記録を達成し、〇四年九月に帰還しました。

シャクルトンは上記の最南端到達新記録の探検に参加したものの、隊長のスコットとの関係が悪化したうえ体調も衰弱状態になり、補給のために到着した船舶「モーニング」に乗船させられ、ニュージーランド、サンフランシスコ、ニューヨークを経由して〇三年に帰国しました。探検から最初に帰国した人物としてロンドンでは有名になりますが、途中で返還されたという汚名を挽回するため新規の探検を企画します。

シャクルトン第二の南極探検

そこでシャクルトンは王立地理学会の会報『ジオグラフィック・ジャーナル』に南極遠征計画を発表し、寄付金集めに奔走します。しかし十分な資金を獲得できなかったため、アザラシの狩猟目的で建造されてから約四〇年が経過していた三三四トンという、「ディスカバリー」の半分程度の老朽木造船「ニムロド」を購入し、一九〇七年八月にイギリスを出航、翌年元日にニュージーランドから南極に出航しました。

約一ヶ月で南極に接近し、二月三日にケープ・ロイズに拠点となる小屋を建造します。そこで隊員は半年以上越冬し、一〇月二九日にシャクルトン以下四名の隊員が二八〇〇キロメートル彼方の極点を目指して出発しました。荷物の運搬に使用した四頭のポニーが途中ですべて死亡したため隊員がソリを牽引しながら進行、翌年一月九日に極点まで約一八〇キロメートルの南緯八八度二三分に到達し、国旗を掲揚しました。

帰路は往路以上に過酷な移動となります。予定日数を超過したため、毎日の食料を制限していましたが、往路で死亡したポニーの腐肉を食料にしたため全員が腸炎になります。なんとか基地に到達し、出迎えの「ニムロド」に乗船し、出発から二年が経過した一九〇九年三月二三日にニュージーランドに到着、ロンドンに長文の電報で探検の報告を送信し、六月一四日に帰国したときには多数の群衆に歓迎されました。

第三の南極探検の準備

帰国から二年後の一九一一年にアムンセンが極点への到達に成功したため、シャクルトンは目標を南極大陸横断に変更、一四年に「帝国南極大陸横断遠征」計画を公表します。二隻の船舶を用意し、一隻は横断する本隊をウェッデル海側に輸送し、もう一隻は支援する部隊を反対のマクマード湾側に輸送するという壮大な計画でした。資金は政府の出資以外に民間の寄付を公募し、何人もの金持ちが多額の寄付をしました。

隊員は公募し、新聞に「至難の探検に男子募集。些少な報酬、極寒、暗黒の日々、危険の連続、生還の保証なし、成功の場合は名誉と賞賛。アーネスト・シャクルトン」という広告の傑作とされる文章を掲載しました。その結果、約五〇〇〇名の応募があり、シャクルトンが独自の審査によって五六名を選抜し、船乗り世界の伝統の階級制度を撤廃、全員が雑用も分担するとして二隻の船に半分ずつ乗船させることにしました。

使用された二隻のうち、歴史に名前が記録される「エンデュアランス（忍耐）」は、北極海域の観光のための豪華客船として建造された全長四四メートル、三四八トンの三本柱の木造船で、三五〇馬力の蒸気機関を搭載していました。しかし発注した船主が支払不能になったためシャクルトンが買取り、南極探検目的に改造したものです。船名の「忍耐」はシャクルトン一族の家訓「忍耐による克服」から名付けられました。

Wikimedia Commons

身動きできないエンデュアランス号

第三の南極探検

一九一四年八月の出航予定でしたが、三日に第一次世界大戦が勃発したため出発を延期しようとしたところ、海軍大臣W・チャーチルから出発するようにとの命令があり、九日にプリマスを出航しました。ブエノスアイレスとサウスジョージア島を経由して翌年一月にウェッデル海域に到達しますが、分厚い流氷に阻止されて身動きできなくなります。そこで二月になってシャクルトンは船内での越冬を決定します（図）。

当初は海流により流氷が移動して解放される期待もありましたが、その気配はなく、

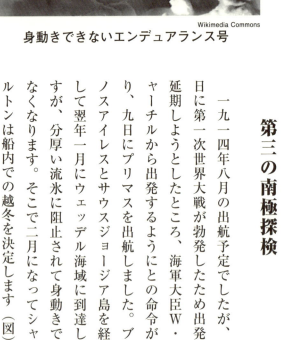

両側から船体が圧迫されはじめます。エンデュアランスは極地探検のために建造された頑丈な船体でしたが、一〇月になって船体が崩壊しはじめたため、二七日に放棄することにします。そして一一月二一日にエンデュアランスは海底に沈没していきました。そこで必要な荷物をイヌソリで運搬する体制で全員が徒歩で流氷を走破し陸地を目指します。

移動の負担軽減の目的で食料を制限したため途中で不足しはじめ、アザラシやペンギンを主食とし、最後はイヌまで食料にし、燃料もアザラシの脂肪を使用する状態でした。しかし流氷が徒歩には危険な状態になってきたため全員が氷上でテント生活をするように方針を変更しますが、その流氷も分断されてしまいます。そこで最後の手段として運搬してきた救命ボートに全員が分乗して南極半島先端のエレファント島に到達しました。

ここから最短距離にある人間が存在する場所は一五〇〇キロメートル彼方のサウスジョージア島の捕鯨基地ですが、シャクルトンは選抜した五人の隊員とともに全長七メートルの救命ボートで救援依頼に出発します。途中は有名な強風地帯で何度も沈没の危機に直面しながら一四日後に到着しましたが、基地は裏側にあり、シャクルトン以下三名は十分な装備もないまま三六時間かけて雪山を横断し基地に到達しました。しかし、孤島に孤立した二二名の隊員の救出は難航します。まず三日後に一隻の船で救援に出発しますが、周辺に流氷が密集し接近できません。さらに追加の二回も接近できず、チリ海軍の小型タグボートを借用し、シャクルトンがエレファント島を出発してから四ヶ月後にようやく全員の救出に成功しました。帰還したヨーロッパは第一次世界大戦中であったため、シャクルトンは陸軍に志願しますが、戦線には配属されませんでした。

大戦が終了し、シャクルトンは冒険精神を再度発揮し、捕鯨船を購入して南極を目指し、一九二二年一月四日にサウスジョージア島に到着しました。しかし翌日、心臓発作に見舞われ四八年の人生を終了します。遺族の指示で遺体は島内に埋葬されましたが、ロンドンでも葬儀が執行されました。イギリスでは南極で死亡したスコットが悲劇の英雄として有名ですが、シャクルトンの指揮能力は現在でも賞賛の対象となっています。

生涯をかけて雪国を紹介した

鈴木牧之

（1770-1842）

現在以上の豪雪地帯

川端康成の名作『雪国』の冒頭の「国境の長いトンネルを抜けると雪国であった」という名文から連想されるのは白銀の幻想世界です。この清水トンネルを筆者も列車で通過したことがありますが、景色が一変することに感動した記憶があります。しかし、二〇一八年一月に新潟県内の信越本線で、大雪のために列車が一五時間以上も停車した事件が象徴するように、現代においても雪国の生活は安易なものではありません。

その雪国でも有数の豪雪地帯である越後高田では、冬季になると、雪上に「この下に高田あり」という高札が設置されていたといわれます。大雪のために市街全体が雪中に埋没してしまうため、旅人に市街の場所を表示していたのです。このような雪国の過酷な自然や生活を都会の人々に理解してほしいという信念から、生涯を一冊の書物の出版に奔走した人物が存在します。その著者の鈴木牧之と書物『北越雪譜』を紹介します。

塩沢宿に誕生した異才

現在の群馬県高崎市と新潟県長岡市を連絡する三国街道があります。戦国時代には上杉謙信が関東へ遠征するときに通過し、江戸時代には、長岡藩、与板藩、村松藩など越後の諸藩が参勤交代にも利用した日本海側と太平洋側を接続する重要な道路です。当時は出発地点の高崎宿から到達地点の寺泊宿まで三五の宿場がありましたが、その二二番目が塩沢宿（南魚沼市塩沢町）です。現在でも街道の両側に往時の街並が維持されています。

この一帯はユネスコの無形文化遺産に登録され、国の重要無形文化財にも指定されている苧麻を材料とする越後上布と国の伝統的工芸品に指定されている絹織物の塩沢紬の産地です。この塩沢紬の仲買を本業とし、質屋も経営していた鈴木屋は名字帯刀も許可された地域の豪商でしたが、当主の鈴木恒右衛門を父親に、とよを母親に一七七〇年に誕生したのが幼名を弥太郎、元服して儀三治となる鈴木牧之でした。

裕福な家庭であったため、高度な教育を享受することができ、地元の大運寺の快運法師から四書（「大学」「中庸」「論語」「孟子」）の素読を、徳昌寺の虎斑禅師から詩作を教授される機会がありました。さらに隣宿である六日町宿に逗留していた絵師の狩野梅笑から絵画の手習をすることもできました。生来、手先が器用であったこともあり、書画の表装や家具の修理も自分でこなし、地方にありながら、高度な教養をもつ文人でした。

しかし父親から家業を継承して以後は文芸に耽溺することなく、俳諧や詩作もせず商売に邁進します。日常生活では粗衣粗食、壮年の時期から禁酒をして生涯飲酒することもなく商売を熱心に遂行します。その結果、家業は繁栄しますが、蓄財一方ではなく、公共の事業にも寄付をするなど地域にも貢献しています。一九歳になった一七八八年に塩沢紬八〇反を販売するため、最初の江戸への旅行をしますが、ここで人生が転換します。

江戸の青空の衝撃

塩沢宿から南下して三国街道の最高地点である三国峠を通過し、終点の高崎宿から東西を連絡する主要な街道の中山道を利用して江戸に到着しました。当時の江戸は人口七〇万人程度で、九〇万人の北京よりは少数でしたが、世界二位の巨大都市で、その繁栄に圧倒されるとともに、驚嘆したのは江戸の青空でした。一年の半分以上を灰色の雪雲を見上げて生活する越後からは想像できない風景だったのです。

牧之は江戸での商売の合間に各地の名所を見物し、鎌倉などにも旅行しています。そのような場所で都会の華美な風俗を見聞するたびに、故郷の生活との格差を痛感しますが、意外だったのは、江戸の人々に雪国の知識がほとんどないことでした。そこで牧之は「自分たちの雪国の自然や生活を、この江戸の人々に理解してほしい」と意識するようになり、いつかは雪国の風物を書物として全国に紹介しようと決意します。

現在の出版業界事情とは相違して、これは容易なことではありませんでした。また牧之には文人の素養があるとはいえ、商売という本業があり、それに時間をかけざるをえませんでしたし、個人の生活でも問題に直面していました。まず二〇歳のときに中耳炎になりますが、適切な治療をしなかったために生涯苦労する難聴になってしまいます。二二歳で結婚して長男が誕生しますが、二四歳のときに離婚するという不幸も経験します。

悪戦苦闘の出版

しかし、そのような逆境が出版の意欲を後押ししたのかもしれません。家業も順調になった二九歳のとき、江戸で面識のあった浮世絵師で作家でもある著名な山東京伝に出版の斡旋を依頼する手紙を送付します。意外にも京伝からは快諾の返事があり、即座に文章と挿画の原稿を発送しました。ところが出版を引受ける版元から、百両の資金が必要であると連絡がきたのです。現在の金額に換算すると一〇〇〇万円にもなる大金です。

商売が順調とはいえ、地方の商家には簡単に工面できるような金額ではなく、この計画は消滅してしまいます。しかし、執念をもつ牧之は京伝の弟子である読本作家の滝沢馬琴に相談します。葛飾北斎が挿絵を担当した『椿説弓張月』やライフワークとなる『南総里見八犬伝』の出版以前でしたが、実力のある作家でした。しかし、馬琴は師匠の京伝と仲違いしていた最中のため、京伝が関係する仕事には口出しできないと辞退します。

しばらくは中断していましたが、三八歳になった一八〇七年に父親が死亡したことを契機に、再度出版に挑戦します。今度は『絵本太閤記』の挿絵画家で大坂在住の岡田玉山に依頼したところ了解され、版元も決定しました。ところが翌年、その玉山が急逝し、またしても立消えになってしまいます。それでも牧之は断念せず、一二年に今度は江戸の有名画家の鈴木芙蓉と契約しますが、翌年、芙蓉も死亡してしまいます。

しかし強固な意志をもつ牧之が出版の方策を模索していたところ、一八一七年に、かつては京伝との師弟関係を口実に引受けなかった馬琴から、京伝が死亡したので「滝沢馬琴著・鈴木牧之校訂」であれば引受けるとの連絡がありました。不利な条件ではあるものの、出版できれば十分と大喜びした牧之は追加の取材などで増補した資料を送付しますが、すでに著名な流行作家で多忙になっていた馬琴からは連絡がないままでした。

そのような時期の一八二九年に京伝の実弟の京山から「鈴木牧之著・山東京山校合」という条件で刊行を手伝うとの連絡がありました。すでに依頼した馬琴への手前、躊躇しますが、絶好の条件であるとともに五九歳になって両耳とも難聴になっていたこともあり、馬琴の了解をとって自身で執筆を開始します。途中で牧之は中風になりますが、原稿を完成し、六七歳になった三七年に『北越雪譜』初編三巻が刊行されました。最初に決意してから五〇年弱も次々と襲来する難関を突破して実現した大作ですが、この出版で牧之の執念は終了することなく、すでに両耳は難聴、中風の影響で両目の視力も消失、身体も外出のできない状態にもかかわらず続編を執筆し、初編の出版から四年が経過した一八四一年、二編四巻からなる続編が刊行されました。さらに三編と四編の執筆にも意欲がありましたが、四二年に七三歳で逝去し実現しませんでした。

雪国を紹介したベストセラー

七巻全体で現在の活字にして約三〇〇ページの文章と四〇数枚の図版により構成されていますが、牧之の本来の意図からすれば未完の書物ということになります。その内容も整然と分類されているわけではありませんが、初雪、吹雪、雪崩などの自然現象から、雪中の寒行や雪中の葬式などの生活風俗、さらには鮭漁や機屋などの地場産業、有名無名の越後の人物紹介など一二三項目になり、雪国百科辞典と表現できる内容です。現在も入手可能ですから、詳細は省略しますが、いくつか興味ある内容を紹介します。

吹雪の猛威

牧之が都会の人々に認識してほしかった雪国の困難が吹雪です。ある夫婦が赤子とともに親里を訪問したところ、晴天であった往路から一変して帰路は吹雪となり、赤子は無事でしたが、夫婦は凍死したという悲話が紹介され、雪国では気象の激変が頻発していることとともに、遭遇した場合の対処方法も説明しています（図）。

一方、雪国に独特の行事も数多く紹介されています。害鳥の被害から田畑を防御する祈願のための鳥追行事は全国各地にありますが、雪国では雪で四角の櫓を構築し、頂上の四隅に松竹を飾り、子供が鳥追歌を歌う行事や、まだ雪深い二月か三月に、雪で簡易な舞台や客席を構築し、地元の人々が役者として芝居をする雪中劇場も紹介されています。しかも吹雪のときには天候が回復するまで延期するという長閑な興行でした。

牧之が生涯をかけ苦心惨憺して執筆、出版した背景には、江戸と地方に存在する生活や自然の格差を社会に紹介したいという熱意がありました。最初に馬琴が引受けたとき、著者は馬琴、実質の著者である牧之は校訂という立場でしたし、京山との共同事業として出版が決定してから、京山と京水の親子が塩沢を訪問し、牧之は二人を約五〇日も接待しています。それでも出版に邁進したのは、雪国を紹介したいという執念でした。

江戸時代は諸藩による地方分権で社会は維持されていましたが、それでも江戸と各地には上述のような格差がありました。明治時代になり中央集権になってからは、牧之が紹介したような地域の独自の文化が消滅していく一方、人口や経済などの量的な格差が急速に拡大してきました。『北越雪譜』を現在では見当たらなくなった雪国の自然や文化の貴重な記録としてだけではなく、格差の記録として理解することも意味があります。

既存体制に挑戦した企業家

アニータ・ロディック

（1942-2007）

消費者想いの化粧品の先輩

一九六八年に「ちふれ化粧品」という名前の化粧品が発売されました。契機は敗戦直後の四七年に三菱石油の石油事業が停止になったため、化粧品を製造販売する部門が設立されたことです。ところが数年して石油事業が復活したため、化粧品の製造販売を独立させ東京実業という会社が設立されます。その社長の島田松雄が欧米視察をしたときに一ドル程度の化粧品が販売されていることに刺激され「一〇〇円化粧品」を発売しました。

一九六二年の発売当初は不振でしたが、六七年に『暮しの手帖』が高額な化粧品と比較しても品質に大差はないという評価を発表したため、翌年、全国地域婦人団体連絡協議会（全地婦連）が販売に協力することになりました。そこで名称を「ちふれ化粧品」と変更し、成分・分量を公開した商品を適正な価格で提供するという方針で販売し、石油危機のときにも値上げをしなかったことが評価され社会に定着してきました。

「ちふれ化粧品」の大半は現在でも一〇〇〇円以下で販売されていますが、有名ブランドでは一〇倍以上の値段の商品が氾濫しています。この状況を「ある化粧品の販売のためだけに何億円もの宣伝をするが、その費用はすべて化粧品に上乗せされている」と喝破し、「ちふれ化粧品」より一〇年以上後ですが、安価な化粧品の製造と販売を開始し、世界に発展した会社があります。その会社を創業したアニータ・ロディックを紹介します。

リゾート都市に出現した化粧品店

イギリス海峡に直面するイギリス南部の地方都市ブライトンは一八世紀から保養のために人々が来訪する場所でしたが、一八四一年にロンドンから鉄道が開通し、イギリス有数の海浜リゾート都市として発展してきました。一九七六年三月二七日、この都心の商業地域に外壁を緑色に塗装した一軒の化粧品店が登場しました。現在では世界の六〇カ国以上に三〇〇〇以上の店舗を展開している「ザ・ボディショップ」の第一号店です。

この商店の主人が当時三四歳のアニータでした。化粧品を販売する仕事をしながら「美容ビジネスは大嫌いです。実現しない夢想を女性に販売する化物のような業界で、主要な商品はパッケージというゴミです」「プラスチック容器に封入されたリットルあたり三〇〇円の商品でも、カットガラスの容器に封入されたグラムあたり三万円の商品でも保湿クリームは同一の原理で作用する商品です」という発言をする型破りな女性でした。

アニータは一九四二年にサセックスのリトルハンプトンで誕生しました。ブライトンと同様の海浜リゾート都市で、イタリアからの移民である実家はカフェを経営していました。新品の制服を貧乏な友達の古着と交換するような慈善精神を発揮する子供で、二〇歳になった六二年から頻繁に海外旅行に出掛け、イスラエル、フランス、ギリシャ、スイス、オーストラリアなどで仕事をしながら旅行し、二五歳になって帰郷しました。

そこで母親が紹介してくれたのが生涯の伴侶となるゴードン・ロディックです。アニータとは反対の慎重な性格でしたが、原子爆弾の製造や保有に反対するなど政治意識が共通であったこともあり、意気投合して同棲生活を開始、長女が誕生した翌年の一九七〇年に結婚、その翌年には次女も誕生しました。二人はイタリアレストランやハンバーガーショップを三年間経営して一応の成功をしますが、疲労困憊して店舗を売却しました。

伴侶の留守に事業を開始

その売却により多少の資金ができたので、ゴードンは子供時代からの願望であった旅行を決行します。南米大陸のブエノスアイレスを出発し、中米を経由して北米大陸のニューヨークまで乗馬で移動するという距離八〇〇〇キロメートル以上の冒険旅行です。ゴードンが留守の期間、二人の子供の養育資金を確保するため、アニータは新規の事業を構想します。それが自然素材使用の化粧品を製造販売する「ザ・ボディショップ」でした。

立派な装飾をした一般の化粧品店とはまったく異質で、既存店舗を改装し、販売する化粧品は天然素材を原料とした二五種類ほどの製品のみで、それを大瓶に充填して木製の本棚のような場所に陳列しただけでした。値段も黒板に白墨で記載し、洒落た小瓶の容器を購入する費用もなかったので、顧客が持参した容器に充填するという日本でいえば江戸時代のような商売でした。そしてしばらくはアニータ自身が店番をしていました。

その発想の原点は一九七〇年に二人で旅行したサンフランシスコ対岸のバークレーで、自動車修理場の片隅で開店していた自然素材の化粧品店「ザ・ボディショップ」に出会ったことでした。アメリカに進出する前年の八七年には、その名称の権利を約四億円で購入しますが、それを参考に開店したのが第一号店でした。幸運なことに開店早々から売上も予想以上であったため、大胆にも第二号店を同年九月に開店しようと決意します。

そのためには開店資金が必要でしたが、第一号店のための融資でさえ躊躇したほどの地元銀行が素人の無謀ともいえるビジネスに融資してくれるわけはありませんでした。たまたま地元で自動車修理場を経営している友人が資金に余裕があったため、事業の半分の権利と交換に六〇万円を出資してくれました。この一種の友情は膨大な利益をもたらし、二〇年後には約一五〇億円となり、二万五〇〇〇倍の価値をもたらしました。

常識に反抗する経営方針

アニータの商売は化粧品の製造販売ですが、既存の業界とは相違した方針を表明しています。化学物質を使用せず、天然素材のみで製造し、性能を確認する動物実験は一切実施しないという方針です。現在、六〇カ国以上に出店していますが、巨大市場である中国には一店も存在しません。中国政府は動物実験での安全確認を要求しているからです。北京と上海の空港の免税店で販売されていた製品も二〇一四年には撤去しました。

現在でこそ、専用の容器や外箱も使用していますが、初期には包装もなしで陳列していました。ポスターも女優などを登用せず、店員の写真を利用していましたし、包装もリサイクル可能な用紙を使用していました。この精神を明示するのが五項からなる企業理念です。1）動物実験に反対　2）公正取引で地域を支援　3）個人の人生を尊重　4）人権を擁護　5）地球環境の保護であり、現在の社会を先取りしていました（図）。

Against Animal Testing
動物実験に反対

Support Community Trade
公正取引で地域を支援

Activate Self Esteem
個人の人生を尊重

Defend Human Rights
人権を擁護

Protect Our Planet
地球環境の保護

ボディショップの企業理念

既存社会の風潮に挑戦するような方針にもかかわらず、商売は順調に発展し、創業から八年が経過した一九八四年にイギリス証券取引所で株式を上場しました。一株九五ペンス（現在換算で一四〇円）で売出されましたが、業績が順調であったため、終値は一・六五ポンド（二四〇円）になり、企業価値は一二億円にもなりました。これで安楽な生活へ移行することも可能でしたが、二人は企業理念を実現する方向へ突進していきます。

社会活動へ傾注

一九八六年には世界規模で活動する環境

保護団体グリーンピースに協力し、企業が北海に有毒物質を投棄することを阻止するため、巨大なポスターの印刷費用を負担します。さらに化粧品の素材として鯨脂を使用することを阻止するため、捕鯨活動の反対運動を支援し、動物実験を実施している企業からは素材を仕入れないだけではなく、イギリスの生体解剖廃止連合や国際動物福祉基金などの活動を応援するようにもなります。

これら自然環境の保護だけではなく、人間社会の問題にも積極関与し、国際人権保護団体アムネスティ・インターナショナルに協力し、ナイジェリアで過酷な状態にある政治犯の窮状や、ルーマニアの孤児院で悲惨な生活をしている子供の実態を社会に告知する活動をし、社員の有志が現地で活動する支援も開始します。そのため一九九〇年にボディショップ財団を設立し、環境問題や貧困問題の解決に資金を提供してきました。

そのような背景から導入したのがフェアトレードです。従来の取引では買手が値段を決定するため売手の利益は減少し、極端な場合には生産の継続さえ困難になります。そこで売手が要求する価格で購入する仕組がフェアトレードです。そうすれば生産は持続可能になり、地域社会や自然環境も維持されるという理念です。「ザ・ボディショップ」の製品の九五％はフェアトレードで購入した天然素材を使用していると発表しています。

発展途上諸国の貧困問題などへの対処は経済援助が普通ですが、アニータは「援助ではなく取引」という方針を標榜し、フェアトレードを推進します。そのような国々から原料や製品を適正価格で購入し販売するという、一見簡単な仕事ですが、困難にも直面しました。貧困解決のため、インドの人々が製造する木製のマッサージ道具を購入していましたが、実際は地域の工場で買取価格よりもはるかに安価に製造した製品だったのです。

既存の社会制度や商業慣行に対抗する哲学で活動してきましたが、店舗は世界各地に浸透します。ところが創業から三〇年が経過した二〇〇六年に世界を驚嘆させる取引が発生しました。会社を世界最大の化粧品会社ロレアルに約一〇〇〇億円で売却したのです。動物実験もしている企業に売却した理由について、アニータは「トロイの木馬を巨大企業に送り込んだ」と説明しています。彼女の精神がロレアルに影響すると期待したのです。

実際、ロレアルは二〇一七年にボディショップをブラジルの天然素材使用の化粧品を製造販売している企業に売却していますので、トロイの木馬としての効果はありました。しかし、さらなる理由があったと推測されます。彼女は輸血によるC型肝炎に罹患していることを二〇〇七年二月に公表し、九月に脳内出血で死亡しました。すでに二〇〇四年に肝炎と診断されていたので、覚悟をして企業を整理したのかもしれません。

アニータは生前から財産を友人や家族にではなく社会に寄贈すると明言していましたが、死後になり約八〇億円の資産はそのように処理されていることが判明しました。生前から数多く受賞していますが、彼女が死亡したとき、イギリスのブラウン首相は「彼女は環境問題が世界の話題になるはるか以前から持続可能な商品を大衆市場に提供し、多数の人々を鼓舞した本物の先導者かつ企業家であった」と賞賛しています。

最近になり、企業への投資の判断基準としてE（環境保護）S（社会責任）G（企業統治）が重視され、国際連合もSDGs（持続可能な目標）の達成を企業に要求しはじめています。企業には利益だけではなく、飢餓問題、男女格差、気候変動などへの貢献が要求される時代です。四〇年以上前から、そのような企業活動を実践してきたのがロディックでした。六五年という現代では短命でしたが、清々しい人生でした。

月尾 嘉男 つきお よしお

1942年生まれ。1965年東京大学工学部卒業。工学博士。

名古屋大学教授、東京大学教授などを経て東京大学名誉教授。2002－03年総務省総務審議官。コンピュータ・グラフィックス、人工知能、仮想現実、メディア政策などを研究。全国各地でカヌーとクロスカントリースキーをしながら、知床半島塾、羊蹄山麓塾、釧路湿原塾、信越仰山塾、瀬戸内海塾などを主宰し、地域の有志とともに環境保護や地域振興に取り組む。

主要著書に『日本　百年の転換戦略』(講談社)、『縮小文明の展望』(東京大学出版会)、『地球共生』(講談社)、『地球の救い方』『水の話』『先住民族の叡智』(遊行社)、『１００年先を読む』(モラロジー研究所)、『誰も言わなかった！本当は恐いビッグデータとサイバー戦争のカラクリ』(アスコム)、『日本が世界地図から消滅しないための戦略』(致知出版社)、『幸福実感社会への転進』(モラロジー研究所)など。最新刊は『転換日本 地域創成の展望』(東京大学出版会)。

清々しき人々

2018年12月1日　初版第１刷発行

著　者　月尾　嘉男
発行者　本間　千枝子
発行所　株式会社遊行社

160-0008 東京都新宿区四谷三栄町5-5-1F
TEL　03-5361-3255
FAX　03-5361-1155
http://yugyosha.web.fc2.com/
印刷・製本　創栄図書印刷（株）

ISBN978-4-902443-44-8